U0543683

自闭症儿童心灵解读技能临床干预丛书

自闭症儿童
情绪能力
干预教程

邵智　张婷 ◎ 编著

西南大学出版社
国家一级出版社　全国百佳图书出版单位

图书在版编目(CIP)数据

自闭症儿童情绪能力干预教程 / 邵智, 张婷编著.
重庆：西南大学出版社, 2025.1. -- ISBN 978-7-5697-2861-3

Ⅰ.G76

中国国家版本馆CIP数据核字第2024QC2530号

自闭症儿童情绪能力干预教程
ZIBIZHENG ERTONG QINGXU NENGLI GANYU JIAOCHENG

邵智　张婷　编著

责任编辑：郑先俐
责任校对：雷　兮
装帧设计：魏显锋
排　　版：杨建华
出版发行：西南大学出版社(原西南师范大学出版社)
　　　　　地址：重庆市北碚区天生路2号
　　　　　邮编：400715
　　　　　市场营销部电话：023-68868624
印　　刷：重庆紫石东南印务有限公司
成品尺寸：170 mm×240 mm
印　　张：9.5
字　　数：120千字
版　　次：2025年1月 第1版
印　　次：2025年1月 第1次印刷
书　　号：ISBN 978-7-5697-2861-3
定　　价：52.00元

FOREWORD

The growing prevalence of children with Autism Spectrum Disorders (ASD) is a concern not only in the United States but across the world. Data from the Centers for Disease Control and Prevention suggest that although initial reports in 2012 indicated a prevalence of 1 in 88 children (CDC, 2012), in 2014 indicated a prevalence of 1 in 68 children (CDC, 2014), more recent reports indicate a prevalence of 1 in 36 children with 1 in 23 males and 1 in 87 females affected (CDC, 2023).The prevalence in particular ethnic groups varies and the disparities suggest under identification in some populations. For example, the prevalence of ASD appears to be greater among non-Hispanic white children (12 per 1,000) than non-Hispanic black children (10.2 per 1,000) and Hispanic children (7.9 per 1,000) even though there is no documented difference among these groups that suggest there should be prevalence differences. Further, it appears that insufficient information is available for children of Asian/Pacific Island descent. Time of identification also appears to be a factor in the prevalence rate as some research suggests girls may be identified later than boys which impacts critical access to early intervention (Giarelli et al., 2010). Most recently, Christensen and colleagues (2015) found differences in the identification of 4 years old vs. 8 years old in the CDC monitoring studies. The 4 years old prevalence in 58,467 children in 5 sites was 13.4/1000 (about 1 in 74 vs. the 1 in 68 for 8 years old). Not surprisingly, prevalence was higher where there was access to education and health records. ASD with cognitive impairment was higher in 4 years old (46%) vs. 8 years old (28%) even though 93% of 4 years old and 87% of 8 years old had reported developmental concerns before 3 years old. Data collected suggests 4 years old had their first comprehensive evaluation at about 27 months whereas 8 years old had theirs at about 32 months. Again, health disparities in assessment of children with or at risk for ASD was evident in data suggesting non-Hispanic, white females were most likely to have an evaluation by 36 months as compared to male, non-Hispanic black children. The data clearly indicate there is a need to focus on lowering the age when a child has their first comprehensive evaluation if we hope to initiate impactful early intervention.

The rise in children identified with ASD has a tremendous impact on families and society. Compared to other children with behavioral, developmental and/or emotional disorders, children with ASD are more likely to have unmet needs for health care and family support services, there are often delays in referrals and care and a family centered approach to care is often lacking (Kogan et al., 2008). We know that children with special health needs are more likely to have families with financial burden and require at least one parent to reduce or stop working to help manage and coordinate their child's intervention and care plan. In addition, caregivers of children with ASD are at risk for psychological morbidity-suggesting providers need to identify stress triggers and address them (Lovell, Elliot, Che Sung Liu, & Wetherell, 2012). For example, the diagnostic process is particularly stressful for parents and when teams are planning a child's program, often parent participation is missing (Keenan, Dillenburger, Doherty, Byrne, & Gallagher, 2010). Further, the more severe a child's symptoms are, the greater the stress on the parents (Osborne & Reed, 2009) and in particular for those parents who have children with both ASD and an intellectual disability (Peters-Scheffer, Didden, Korzilius, & Matson, 2012). Notably, there are several strategies that can be used to decrease the stress of parenting a child with ASD, or at least facilitate a parent's ability to cope. Having a sense of control over the events that are happening to their child and family, being able to identify and select the most meaningful resources, receiving peer support, and having a partner you can count on support a parent's ability to cope (Siman-Tov &Kaniel, 2011).

General consensus exists that children with a diagnosis of ASD need access to intensive, evidence-based instruction which actively engages them in developmentally appropriate activities with clear, systematic goals and planned teaching opportunities (National Research Council, 2001).These teaching opportunities should include families and typical peers to help maintain and generalize a child's learning. Most importantly, though, families need to be involved in their child's intervention program which should start as early as possible.

It is the responsibility of professionals and their organizations to help identify and implement the most effective intervention practices to address the individual needs of children and families. For example, the National Standards Project (2009, Phase 1) examined research through 2007, examining 775 studies. They established a model for reviewing all current intervention research in autism and provided a framework for families and professionals to consider in making decisions about evidence-based interventions. Some of the inventions rated as established included joint attention training, naturalistic strategies, pivotal response training, story-based interventions, modeling, comprehensive behaviorally based interventions, etc. Phase 2 of the National Standards Project (2015) examined research from 2007 - 2012 and included all research for those with ASD over 22 years (from 1987 - 2007). This most recent review supported the findings of the earlier work with even greater support for behaviorally based interventions. Findings also indicated that two additional categories of interventions (e.g., Parent training and Language training) were now in the established intervention category. Notably, however, there was limited available research for supporting interventions with adults over 22.

The Agency for Healthcare Research and Quality (2014) also identified key findings for therapies most often used for children with ASD. The Agency posed some key questions for clinical researchers to think about as program planning for children with ASD is developed. The following selected questions are particularly relevant for healthcare providers and rehabilitation specialists as they are considering treatment selection and implementation for children with ASD:

· What are the short- and long-term effects of available treatment approaches for 2 to 12 years old children with ASD?

· What are the modifiers of outcomes (e.g., frequeny, duration or intensity of treatment) for different behavioral treatments or approaches?

• What is the evidence that effects measured at the end of the treatment phase predict long-term functional outcomes?

• What is the evidence that specific intervention effects measured in the treatment context generalize to other contexts (e.g., people, places, materials)?

There are, however, two important questions missing. First, how do we determine intervention priorities that address the specific needs of individual children with ASD? Second, are there evidence-based interventions specifically addressing the core deficits in theory of mind (ToM) or social cognition that are at the core of the social impairment in autism?

A number of evidence-based interventions address a variety of behavioral, communication and social skills in children with ASD, but few interventions specifically address the development and enhancement of theory of mind. Considering the varying ToM abilities often characteristic of children with ASD, clinicians need to understand the available interventions, consider the ToM profiles of children with ASD, and recognize those social cognitive skills (e.g., emotion recognition, metarepresentation, empathy) most likely to be positively impacted by intervention (Prelock, 2011). Many of the interventions used for supporting early and basic ToM in children with ASD are drawn from those treatments identified by the National Standards Project (National Autism Center, 2009, 2015) and the National Professional Development Center (Wong et al., 2015) as having an established or emerging evidence-base. These might include joint attention training, Floor time/DIR, Relationship Development Intervention (RDI), and More Than Words™, Social Stories™, comic strip conversations, and Talkability™ to name a few. Most interventions described for supporting advanced ToM, however, do not yet have an evidence-base (e.g., Social Thinking™, *Teaching Children to Mind Read*). At present, the clinical rehabilitation of children lacks a systematic intervention approach to developing and expanding ToM understanding, which is the main neurological and psychological mechanism for children with ASD.

This series of books, a collaboration between Professor Shao Zhi and Dr. Zhang Ting, fills the gaps that currently exist in ToM intervention approaches. The authors systematically define an intervention approach that builds ToM understanding in children with ASD along a developmental trajectory. Professor Shao Zhi has a long standing commitment to both academic teaching and clinical intervention on ASD. He brings rich experiences from both his clinical practice and academic research to guide the systematic development of this series of books' content. Dr. Zhang Ting is an expert in child developmental psychology and her research interest is focused on the psychological developmental theories of typical children. She uses that knowledge to enhance the reader's understanding of what ToM looks like in neurotypical children and how it develops over time. As Professor Shao Zhi and Dr. Zhang Ting partner to increase our understanding of the development of ToM and the systematic strategies most likely to support ToM learning in children with ASD, the reader begins to understand the complexity and multifaceted nature of ToM and its importance to the developing social cognition of children with ASD.

Patricia A. Prelock, Ph.D.

Patricia A. Prelock, Ph.D., CCC-SLP, BCS-CL,
University of Vermont, Burlington, VT USA.

中译序

当前，儿童自闭症谱系障碍（Autism Spectrum Disorders, ASD）日渐升高的患病率引起了美国，乃至全世界的关注。美国疾控中心2012年报道的发病率为1/88（CDC, 2012），2014年报道的发病率为1/68（CDC, 2014），而最新数据显示，ASD患病率现已高达1/36，其中男性为1/23，女性为1/87（CDC, 2023）。ASD在不同种族间的患病率不尽相同，这种差异表明某些人群的研究资料亟待完善。比如，非西班牙裔白人儿童的患病率（12/1000）高于非西班牙裔黑人儿童（10.2/1000）和西班牙裔儿童（7.9/1000），但并无研究表明上述人群之间的患病率应有不同。亚太岛国居民儿童患病率资料也并不完善。另外，诊断年龄也是影响患病率的因素。有报道称，女孩的诊断年龄多晚于男孩，这将影响上述患儿及早接受干预治疗（Giarelli et al., 2010）。近期，Christensen等（2015）在CDC开展的监测研究中发现，4岁儿童和8岁儿童自闭症的检出率有明显差别。5个监测点共58467名儿童的4岁检出率为13.4/1000（1/74，8岁为1/68）。当然，能够提供儿童教育和健康档案的地区检出率高于其他地区。尽管93%的4岁ASD儿童和87%的

8岁ASD儿童在3岁前就已出现发育异常，但4岁年龄组伴发认知障碍的概率（46%）高于8岁年龄组（28%）。调查数据显示，4岁年龄组ASD儿童在27月龄时接受首次综合性评估，而8岁年龄组则为32月龄。此外，为ASD儿童和高危儿童提供评估的医疗服务水平也有明显差异。数据显示，和非西班牙裔黑人男性儿童相比，非西班牙裔白人女性儿童多会在36月龄前接受评估。上述研究结果表明，若要开展有效的早期干预，我们必须围绕降低患儿接受首次综合评估的年龄开展工作。

ASD儿童的日益增加给家庭和社会带来了极大负担。与有行为、发育或情绪问题的儿童相比，ASD儿童对医疗和家庭支持服务的需求常得不到满足，转诊延迟、治疗延迟、缺乏家庭支持治疗都是常见问题（Kogan et al., 2008）。众所周知，很多有特殊医疗需求的儿童家庭经济都较困难，且需要至少一位家长减少或停止工作以配合和参与孩子的干预和治疗计划。ASD儿童的照顾者是心理疾病的高危人群，他们需要寻找并处理好压力诱因（Lovell, Elliot, Che Sung Liu, & Wetherell, 2012）。患儿的诊断过程对于家长来说极其痛苦，当治疗团队在制订干预计划时，家长也并未参与（Keenan, Dillenburger, Doherty, Byrne, & Gallagher, 2010）。孩子的临床表现越严重，家长的压力就越大（Osborne & Reed, 2009），对伴有智力障碍的ASD儿童家长来说尤其如此（Peters-Scheffer, Didden, Korzilius, & Matson, 2012）。所幸，现在有很多方法可以帮助ASD儿童家长减少或应对压力。能够控制突发事件、有能力识别和选择最有效的治疗资源、获得同龄人的支持、有可依赖的同伴都有助于提高家长应对压力的能力（Siman-Tov & Kaniel, 2011）。

ASD儿童需要接受密集、有循证基础的训练，参与和自身发育水平相符、精心设计且目标明确、系统的干预活动（National Research Council, 2001），人们对这一观念已达成普遍共识。这些教学活动需要家庭和同龄正常儿童的参与，以帮助ASD儿童维持和泛化所学技能。而最重要的是，家庭成员应尽可能早地参与ASD儿童的干预训练。

专业人员及相关机构对协助患儿及其家庭开展有效干预以满足其所需责无旁贷。美国国家标准项目（2009，第一版）调查了2007年间共775项研究，建立了回顾当前自闭症干预研究的模板，并为专业人员和患者家庭提供了合理选择具有循证基础干预措施的框架。具有循证基础的干预措施包括：联合注意干预、自然教学、关键反应训练、以故事为基础的干预、示范、综合行为治疗等。美国国家标准项目的第二版（2015）调查了2007—2012年间的相关研究，及过去20年（1987—2007年）所有涉及22岁以上ASD患者的研究。这份研究结果提出了对前期以行为训练为主的干预训练的支持，并指出另有两类训练方法（家庭训练和语言表达训练）现已列入有循证基础的干预措施之列。但值得注意的是，目前鲜有关于22岁以上ASD患者支持治疗的报道。

美国医疗卫生保健研究与质量中心（2014）指出了一些常用于ASD儿童训练治疗的重要发现，并为制订ASD儿童治疗计划的医疗工作者提出了一些关键性问题。以下是与医务人员和康复专家考量患儿治疗措施的选择和实施尤其相关的问题：

· 对于2~12岁的ASD儿童而言，现有治疗措施的短期和长期效应是什么？

·影响不同行为治疗或干预措施疗效的因素是什么？是训练的频率、持续时间，还是强度？

·治疗后期，评价治疗远期功效的依据是什么？

·从训练中心迁移到另外的环境，评价干预疗效的证据是什么？是人、场景，还是物件？

此外，仍有两个重要问题未被考虑到。第一，如何确定ASD儿童个别化治疗的优先次序？第二，心灵解读（Theory of Mind，ToM）或社会认知缺陷是自闭症儿童社会交往的核心问题，是否有针对上述核心问题且有循证基础的干预措施？

目前，具有循证基础，且针对ASD儿童行为、交流及社交技能缺陷的干预措施不少，却鲜有针对ToM发展和促进的措施。鉴于ASD儿童的ToM能力会影响其临床表现，临床医师需要了解现有的治疗干预措施，考虑儿童ToM能力的大致情况，并认识到这些社会认知技能（如情绪识别、元表征、共情）可经干预训练得到正强化（Prelock，2011）。不少用于ASD儿童早期和基础ToM治疗的干预措施都是从美国国家标准项目（National Autism Center，2009，2015）和国家专业发展中心（Wong et al.，2015）认定的有或即将有循证基础的治疗措施中提炼出来的。这些干预措施包括联合注意训练、地板时光/DIR、人际关系发展干预疗法（RDI）、言语之外、社交故事、连环漫画会话、会话能力训练等。另有部分干预疗法（如社会思维、教导孩子解读别人的想法）被认为可提升ToM能力，却没有循证基础。ToM是儿童自闭症重要的神经心理学机制，而目前现有的临床康复训练却没有改善和提升ToM能力的系统化干预措施。

本丛书由邵智教授和张婷博士编著，填补了当前 ToM 干预治疗的空白。作者系统定义了符合 ASD 儿童生长发展轨迹、帮助患儿建立 ToM 能力的干预措施。邵智教授长期致力于 ASD 的学术研究、教学和临床干预治疗，其丰富的临床和研究经验对本丛书的编写具有重要的指导意义。张婷博士是儿童发展心理学的专家，其研究工作主要围绕正常儿童心理发展理论开展。她丰富的知识有助于提高读者对于正常儿童 ToM 的理解及其如何随着时间发展变化。本丛书将帮助我们更好地理解 ToM 的发展及支持 ASD 儿童 ToM 学习的系统干预措施，读者将从中了解 ToM 的复杂性和多面性，及其对 ASD 儿童社会认知发展的重要性。

佛蒙特大学 Patricia A. Prelock

Patricia A. Prelock，博士，言语病理学家，美国言语听力协会（ASHA）主席，美国佛蒙特大学护理与健康科学学院院长，沟通科学与障碍系教授。

总序

自闭症谱系障碍（以下简称"自闭症"）是一种常见的儿童神经发育障碍，社交沟通障碍是其核心的临床表现之一。如何有效促进自闭症儿童社交沟通的发展，是临床干预最为关注的重要问题之一。

心灵解读能力发育滞后是自闭症儿童社交沟通障碍的重要原因之一，这已成为学界的共同认识。心灵解读能力是指个体理解和推测自己与他人情绪、意图、想法和行为的能力，是社交互动与沟通的重要基石。心灵解读能力可以划分为两个维度：一是对情绪的理解和推测；二是对认知与想法的理解和推测。这些维度的发展需要建立在儿童具有自我意识的基础之上。研究发现，自闭症儿童心灵解读能力的发展存在两种模式：一是发展异常，即他们的心灵解读能力发展全面落后且受限；二是发展滞后，也就是他们的心灵解读能力会随着他们心智的发展逐步发展。但是与典型发展儿童相比，自闭症儿童的发展更缓慢、水平更低，且各成分的发展顺序可能略有不同。

近年来，随着儿童自闭症研究的深入，及其干预技术的发展，越来越多的自闭症儿童经过早期干预，其核心缺陷得到了明显的改善；但在日常社会生活中，其社交沟通、社会适应等方面仍面临较多困难。如何更加有效地提高儿童的社会技能，助其融入社会是目前自闭症儿童临床干预中普遍关注的问题。心灵解读缺陷是自闭症儿童社交沟通障碍发生的重要神经心理学机制，是其核心的临床问题。对自闭症儿童的心灵解读技能进行干预，是提升他们社交沟通能力的重要且有效的途径。目前，国内针对自闭症儿童语言与社交技能缺陷、行为与情绪问题的干预训练较多，却没有提升和改善心灵解读能力的系统化干预技术。自 2010 年以来，我们中心（重庆市儿童孤独症康复治疗中心、重庆市儿童孤独症医学研究中心）借鉴国外的心灵解读干预模式，结合我国自闭症儿童的特点，开展了一系列自闭症儿童心灵解读能力的临床干预实验，尝试实践基于整合与创新的心灵解读干预模式。我们先后开展了自闭症儿童自我意识、共同注意、情绪能力、想法与观点采择的临床干预训练，并根据自闭症儿童的认知行为特点，采用视频建模、个别训练、团体训练、家庭训练等多种模式的训练方法。结果显示，上述训练均取得了良好的临床效果，极大地提升了自闭症儿童的心灵解读能力和社交沟通能力。国内多个康复中心学习采用该模式对自闭症儿童进行干预，获得了同样的良好干预成效。

我们中心开展儿童自闭症康复实践和临床研究工作 20 余年，成果丰富。本丛书的作者来自不同的专业，如发育行为儿科学、儿童发展心理学等，长期在中心从事儿童自闭症干预和研究工作，均具临床研究者和康复实践者的双重身份。丛书正是我们近 15 年以来在自闭症儿童心灵解读能力和社交沟通能力干预训练领域整合、创新与反思的经验总结，共有 4 册，分别是《自闭症儿童自我意识能力干预教程》《自闭症儿童共同注意技能干预教程》《自闭症儿童情绪能力干预教程》《自闭症儿童观点采择技能干预教程》。《自闭症儿童自我意识能力干预教程》主要用于帮助尚未有稳定的自我意识的自闭症儿童分化与发展他们的自我意识，为后续的心灵解读能力的发展打下基础。《自闭症儿童共同注意技能干预教程》主要用于帮助自闭症儿童发展共同注意能力，为后续的社交沟通能力的发展打下基础。《自闭症儿童情绪能力干预教程》主要用于帮助自闭症儿童发展对自我和他人的情绪识别、情绪表达、情绪调节与简单推理的能力。《自闭症儿童观点采择技能干预教程》主要用于帮助自闭症儿童发展对自我和他人的想法识别、行为推测的能力。本丛书适合从事儿童自闭症及其他相关发育障碍康复干预工作的治疗师、特殊儿童的家长以及相关专业人士阅读。

15年的实践与反思汇聚成一套丛书，虽经反复梳理与字斟句酌，但难免有疏漏，仍待完善，望各位同行与广大读者多批评指正。

作者

2024年12月于重庆北碚

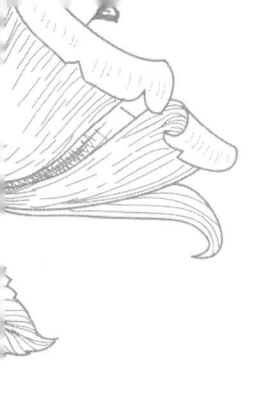

前言

社会交往障碍是儿童自闭症的核心缺陷，其中情绪能力缺陷是自闭症儿童社会交往障碍的主要表现。在对自闭症儿童进行临床干预时，如何有效提升其情绪能力，对于促进其社会交往具有十分重要的意义。

情绪能力的发展对于自闭症儿童而言，是其开启社会交往大门的关键能力之一，是其融入社会、建立人际关系的基石，重要性不言而喻。情绪能力缺陷是自闭症儿童的主要临床缺陷，自闭症儿童难以准确理解他人的情绪，在情绪表达和情绪调节方面也有明显的障碍，从而影响其社会适应。

目前，自闭症儿童情绪能力干预已逐渐受到重视，但现今针对情绪能力的干预，主要为家长关注的儿童的一些日常情绪问题，内容缺乏系统性，干预方法比较单一。因此，儿童情绪能力的整体水平提升有限，干预效果也难以泛化和维持，影响了自闭症儿童情绪能力干预的成效。我们基于我国儿童情绪能力发展规律和自闭症儿童情绪能力的特征，结合20多年的儿童自闭症康复实践和研究成果，以及国际上相关研究新进展，构建了自闭症儿童情绪能力"整合式核心目标干预模式"。干预体系共设置7个训练模块，内容分为先备能力、情绪识别、情绪环境、情绪推理、情绪调节5个部分，较好地反映了情绪能力干预的系统化、科学化。

本干预教程提供结构性训练框架，包括每个训练模块的训练目标、训练内容、阶梯化的训练课程示例，以及训练效果评价等内容。在实施干预时，既要对儿童进行集中、密集的情绪能力专项干预，又要将情绪能力的训练嵌入其他训练项目或日常生活事件中。

本书的内容充分反映了我们长期以来开展自闭症儿童情绪能力训练的临床实践和研究成果，在提升自闭症儿童情绪能力方面成效显著。本书的编著出版，我们中心资深康复师李倩、张华美做出了贡献。

近年来，全国各地儿童自闭症干预得到了较快发展，针对自闭症儿童情绪能力的干预已成为人们特别关注的问题。本书旨在深入探讨自闭症儿童情绪能力干预，为专业人士、家长提供系统全面的训练指南，更加有效地改善儿童的社会功能。

作者

2024年12月于重庆北碚

目 录

第一章　自闭症儿童情绪能力概述　/ 001
第一节　情绪能力简述　/ 001
第二节　典型发展儿童情绪能力的发展　/ 006
第三节　自闭症儿童的情绪能力　/ 012

第二章　自闭症儿童情绪能力的评估　/ 021
第一节　用问卷法评估情绪能力　/ 021
第二节　用实验法评估情绪能力　/ 023

第三章　自闭症儿童情绪能力的干预　/ 025
第一节　国内外干预的现状　/ 025
第二节　目前干预存在的问题　/ 031

第四章　自闭症儿童情绪能力临床干预模式　/ 035
第一节　干预模式建构的学理基础　/ 035
第二节　自闭症儿童情绪能力的临床干预模式　/ 038

第五章　先备能力训练　/ 043
第一节　面孔识别　/ 044
第二节　情绪体验　/ 051

第六章　基本情绪识别 / 059

　　第一节　识别自己的情绪 / 059
　　第二节　识别他人的情绪 / 072

第七章　情绪字典 / 079

　　第一节　简单情绪字典 / 079
　　第二节　复杂情绪字典 / 091

第八章　情绪推理 / 099

　　第一节　家人的情绪 / 100
　　第二节　老师的情绪 / 103
　　第三节　同伴的情绪 / 106

第九章　情绪调节 / 111

　　第一节　情绪的自我调节 / 112
　　第二节　建立积极思维 / 115

第十章　综合应用 / 121

　　第一节　儿童察觉和描述自己的情绪 / 121
　　第二节　儿童识别和描述他人的情绪 / 124

第一章 自闭症儿童情绪能力概述

第一节 情绪能力简述

一、情绪能力的界定

情绪是一种包含多维度的生理与心理的综合体验。例如,当一个孩子想买冰棒,但家长又不同意时,此时孩子可能会体验到愤怒情绪,他可能会感到面红耳赤(生理反应),会感到生气、暴躁等(情绪感受),会不由自主地握紧双拳并攻击他人或自己(行为反应),会联想到"我被欺负了或者辜负了""我的需求不被满足"等(认知反应)。我们每一个人都会有情绪,当我们的情绪被诱发时,生理反应、情绪感受、行为反应、认知反应都会随之而来。在了解情绪的内涵之前,人们往往会普遍认为情绪只包含情绪感受,而忽略了其他反应。对情绪本质的理解,是人类情绪能力的重要维度。所谓情绪能力,是指利用情绪建立、维持和改变个体与外界关系的功能来为人类服务的能力,是情绪智力的一部分。具体而言,情绪能力是在引发情绪的社会情境中做出有效的和适当的行为的能力。

二、情绪能力的分类

情绪能力可分为情绪表达能力、情绪认知能力与情绪调节能力三个方面。

(一)情绪表达能力

情绪表达能力是指个体对自己所体验到的情绪进行准确的命名与合理的阐述的能力。比如,当一个孩子见到他的好朋友时,他可能会手舞足蹈、大声讲话,甚至有些控制不住自己的言行而显得有些过度兴奋。如果此时我们问孩子"你见到好朋友感觉怎样",他可能回答说很高兴。这就是情绪表达。这种看似很简单的情绪表达,其实并不是与生俱来的,而是要经过大脑的发育而慢慢发展而来的。

除了表达高兴、生气、厌恶、悲伤、惊奇、好奇、恐惧等基本情绪外,很多时候我们还要表达复杂且混合的情绪。比如,一个孩子在经过小卖部时想要买雪糕,但妈妈不允许,说要等到周末才能买。好不容易到了周末,他兴冲冲地去买雪糕,却发现自己想买的那款雪糕已经卖完了,这时他可能会大哭。那这个大哭的行为背后有哪些情绪体验呢?可能包含有期待落空的失望,有自己吃不到雪糕的伤心与委屈,有妈妈前几天不让自己买雪糕的愤怒,这些情绪可能混合在一起形成一种复杂的情绪体验。如果此时我们问孩子"你没有买到雪糕,这让你感觉怎样",我们就会发现孩子可能很难将自己的感受清楚地描述出来。由此可见,对于复杂情绪的表达,是一件困难且不易的事情,儿童要到稍晚的时候才会逐渐发展这种对复杂情绪的表达能力。

你有没有发现,我们在举例阐述什么是情绪表达能力时,都涵盖了另一种能力——情绪体验,也就是我们所体验到的情绪感受。与情绪表达能力不同,情绪体验是人类与生俱来的能力,从婴儿出生起(甚至在胎儿后期)个体就具备7种基本的情绪体验,包括快乐、生气、厌恶、悲伤、惊奇、好奇、恐惧;只不过因心智发展的限制,婴儿虽然能体验到这些情绪,但并不能识别和表达这些情绪。因此,可以说情绪体验是情绪表达能力的基础。关于典型发展儿童和自闭症儿童情绪表达能力的发展,将放在稍后详细阐述。

(二)情绪认知能力

情绪认知能力是指儿童对自己和他人情绪以及情绪如何起作用的认知,包含对简单情绪的理解、对混合情绪的理解、对情绪原因和情绪社会调节作用的理解;具体而言,包括简单情绪识别(如面部表情识别、言语情绪识别、其他情绪线索识别等)、情景情绪理解和情绪过程理解(如对在某种复杂的活动环境中所诱发的情绪、情绪产生的原因和情绪可能导致的结果,以及自我情绪表露规则等的理解)、复杂情绪理解(如对基于道德产生的各种复杂情绪等的理解)。

例如,我们常说的"察言观色"其实包含了简单情绪识别和情景情绪理解,指通过观察对方的表情和姿态、听对方说话的语气,我们识别出对方潜在的情绪是什么,并根据对方的情绪来思考是什么让他有这种情绪感受,在这种情绪感受之下,他会怎么做、怎么想,进而再根据这些思考的结果来调整自己的情绪与行为(情景情绪理解)。当然,在上述场景中,情绪可能是一些简单的基础情绪,如快乐、生气、厌恶、悲伤、惊奇、好奇、恐惧;也可能是一些复杂的情绪,如尴尬、内疚、害羞、骄傲等。

对于情绪的认知和理解是非常复杂的一个过程,儿童在发展过程中从能识别简单情绪到能识别复杂情绪,能理解情绪产生的简单表面的原因到能理解情绪产生的复杂的心理的原因,需要经过一个较长的时间。对于典型发展儿童和自闭症儿童的情绪认知能力的发展,将放在稍后详细阐述。

(三)情绪调节能力

情绪调节是指个体对情绪的发生时间、类型、体验和表达施加影响的过程。Gross认为,情绪调节有三个特点:第一,具有情绪的增强和减弱,以及对正性情绪和负性情绪的调节的双重性;第二,存在有意识和无意识之分;第三,不存在一种情绪调节是绝对好的或绝对坏的。情绪调节也包括对情绪的生理反应、情绪感受、认知反应和行为反应的调节。例如,某位小朋友在班级中完成某项任务时反复失败,被同学笑话了,此时这位小朋友可能体验到沮丧、失望、难受、难堪等消极情绪感受,以及心跳加速、面红耳赤、呼吸急促等生理反应;头脑中会有"我做不好,别人会笑我"的想法,以及"离开教室,以后不再来上课"的行动愿望。成人要根据这位小朋友的心理发展阶段帮助他从生理反应、情绪感受、认知反应和行为反应方面来调节情绪。如果该小朋友还比较小,是幼儿园的孩子,那么成人应主要从帮助他降低情绪强度、理解和调整他的生理反应、让他获得成功经验这几个方面来调节他的情绪。如果该小朋友是小学生了,那除了成人的帮助,还可以引导他学习自我调节,增强能力,建立合理的想法,避免不合理的想法。

儿童能否提高自身的情绪调节能力与很多因素有关。对于典型发展儿童来说,成人能否涵容儿童的情绪,能否给儿童做情绪调节的榜样,能否引导儿童学习和应用情绪调节的各类策略是若干因素中的重要因素。而对于非典型发展儿童,如自闭症儿童而言,除了上述因素以外,儿童的智力因素、自闭症临床症状严重程度,以及感觉统合能力等也是影响他们情绪调节能力的重要因素。这一部分将在稍后做详细阐述。

三、情绪能力对儿童心理发展的重要作用

情绪能力对儿童的心理发展起着重要作用。首先,儿童的情绪发展和认知能力之间存在着密切的交互作用,情绪的理解和表达能力将影响儿童在社交互动中的表现,而情绪认知能力的发展直接影响儿童的认知发展;其次,儿童的情绪发展还与其社会性发展有密切的关系,其主要影响涉及社会性技能的发展、同伴关系的建立、自我认知和理解他人及解决冲突与合作的能力的发展等;最后,情绪能力也是儿童的学业成就、主观幸福感、心理健康水平、社会适应能力的重要预测因子。

第二节　典型发展儿童情绪能力的发展

一、情绪体验的发展

人类从出生起就已经具备了几种基本的情绪：快乐、生气、厌恶、悲伤、惊奇、好奇、恐惧等。随着年龄的增长和环境的刺激，人类的情绪会逐渐分化，人类会体验到更多更复杂的情绪。

在出生后的1个月内，婴儿就能体验到痛苦、厌恶、满意这几种基本的情绪。半岁左右，婴儿能逐渐体验到愤怒、悲伤、喜悦、惊奇和害怕等。婴儿在1岁半至2岁期间获得"客体我"后，他们逐渐能体验到更复杂的情绪，如在2岁左右开始体验到尴尬、羡慕、同情等情绪，在3岁左右能体验到尴尬、骄傲、害羞、内疚等情绪。这些情绪的产生常常与儿童自我意识的降低或提升有关，因此又被称为自我意识情绪。

在幼儿园时期，儿童能更多地体验到与掌控感相关的积极情绪或消极情绪，比如，他们会因为自己能做到某件事情而感到骄傲、高兴，也会因为自己做不到某件事情而感到愤怒、沮丧、挫败、难受等。在这个时期，常常可以观察到的一个现象就是儿童"脾气见长"，他们在吃不到自己想吃的东西、玩不到自己想玩的玩具或者不会玩、想要得到什么但是家长或同龄伙伴不满足时，往往会发脾气。其实这就是因为掌控失败而诱发的消极情绪。

随着儿童年龄的增长，他们会逐渐体会到焦虑这种情绪。在幼儿园时期，儿童的焦虑与真实世界中的某些让他们不适或害怕的事物，如噪声、高地、陌生人或环境、大型动物、黑暗等有关。进入小学后,儿童的焦虑更多与想象中的恐惧情节,如害怕迷路、被绑架、灾难、家庭成员生病或意外死亡等有关。

总的来说,儿童的情绪体验以积极为主,即便偶有消极情绪也会因在现实世界得到满足而获得及时的缓解。不过,青春期以后,青少年会体验到更多的消极情绪,且可能会变得喜怒无常,也就是情绪不稳定。青少年会呈现出烦恼突然增多、孤独、压抑等情绪特点。

二、情绪表达能力的发展

虽然个体从出生起就逐渐能体验到各种丰富的情绪感受,但这并不代表他们能够很好地表达这些情绪。研究表明,儿童的情绪表达从3~4岁开始萌芽,此时儿童能表达害怕、高兴、伤心、生气等情绪;4~6岁时儿童能表达紧张、担心等情绪;7~12岁时儿童能表达骄傲、羞愧、内疚、羡慕、嫉妒等情绪;进入初高中以后,青少年的情绪表达会越来越丰富和细腻。不过,儿童的情绪表达能力与其成长环境有着密切的联系,如果儿童周围的成人善于表达自己的情绪,也鼓励儿童表达情绪,那么儿童就能获得更好的情绪表达能力;反之,儿童的情绪表达能力则会欠佳。

三、情绪认知能力的发展

六七个月大的婴儿就能识别不同类型的情绪,此时婴儿对不同面部表情的注视时间是不一样的,对开心的面部表情注视时间最长,对伤心和恐惧的面部表情注视时间其次,注视时间最短的是生气。不仅如此,此时的婴儿

也能够对父母不同的面部表情做出反应,当父母的面部表情是开心的,婴儿也会开心,他们会凝视父母,并主动和父母互动;而当父母出现严肃、生气等面部表情时,婴儿则会难过,他们会做出转头、扭动不安、吸吮手指、哭闹等行为。

在1岁半到2岁左右,儿童就能区分自我与他人的情绪状态,能理解他人的情绪状态可能和自己的情绪状态有所不同。例如,在经典的情绪区分任务中,给幼儿两个物品,一个是幼儿喜欢的,另一个是幼儿不太喜欢的;接着让幼儿观察,妈妈拿到那个幼儿不喜欢的物品时会很高兴而拿到另一个物品时则不高兴;然后让幼儿选择一个物品给妈妈,此时幼儿会选择让妈妈高兴的物品而不是让自己高兴的物品给妈妈。这个实验说明,幼儿已经初步具备了区分自我与他人情绪状态的能力。

在3岁左右,儿童可以命名更多的情绪,能在情境故事中理解情绪。比如,在阅读绘本时,绘本中的角色在大街上和妈妈走散了,问孩子他会有怎样的情绪感受,儿童能很好地回答。这个年龄段的儿童也能在情境或生活中表现常见的情绪。也是在3岁前后,儿童开始能分辨和理解各类基础情绪产生的原因,比如,因为什么原因高兴,因为什么原因害怕等。但这些仅局限于他们的日常生活经历,例如,孩子被大型动物惊吓过,那么他以后见到或想到这类动物时会表达,因为有这类动物,所以他害怕。

随着认知能力的增长,儿童对情绪诱发的原因的理解从表面的可直接观察到的原因逐步发展到内在的不能直接观察到的原因。4~5岁的儿童可以认识到信念,也就是内心的想法,可以影响人们的情绪。例如,在以意外内容任务为范式的信念-情绪任务中,告诉儿童在小白兔不知道的情况下,把杯子里小白兔喜欢的苹果汁喝掉,再把橙汁装到杯子里,然后询问儿童小白兔在喝橙汁前与喝之后的感受。如果儿童能正确回答情境中小白兔的反应,说明儿童尽管知道杯子里是橙汁,但是他能通过别人的信念进行情绪的判断。

到了小学时期,儿童能理解更复杂的情绪现象,包括明显的情绪,如幽默、尴尬;也包括隐藏情绪,如一个人表面上看起来很高兴,内心可能是不高兴的。这个阶段的儿童会根据别人的身体动作来理解别人所表现的情绪,也能够简单地推理情绪的产生原因,推测情绪可能导致的结果。此外,儿童还能逐渐懂得不同的人对同一事件可能体验到不同情绪、一个人可以同时体验到互不相容的或混杂的情绪。

进入青春期后,青少年的情绪理解能力得到全面发展。

四、情绪调节能力的发展

典型发展儿童会经历一个由被动接受他人调节情绪到能够进行自我调节情绪的发展过程。在此过程中,儿童的情绪调节能力依照两个维度进行发展:由照顾者驱动的共同调节到自我驱动的调节,由被动的自我驱动策略到主动的自我驱动策略。

儿童的情绪调节能力是从婴儿时期开始发展的。在半岁以前,婴儿会通过吸吮、眼光离开看到的物品或人来调节自己的情绪。比如,在著名的冻脸实验中,当家长从喜悦的表情转向严肃的表情时,婴儿会明显地表现出不安,此时他们会通过吸吮手指、不看自己的爸爸或妈妈来调节情绪。有研究表明,此时的婴儿吸吮、转向等自我安抚行为的次数可以正向预测他们未来的情绪能力。随着婴儿的自主活动范围的增大,他们常常使用摇晃身体、离开不愉快的刺激、盯着某物发呆的方式来调节情绪。比如,婴儿如果害怕某物,他会利用身体运动远离此物,靠近抚养者。进入2~3岁,儿童的自主活动范围进一步增大,他们在遇到令自己烦恼的刺激时,可能会试图掌控它;在遇到让自己恐惧的事物时,会选择回避;而在遇到让自己高兴的事物时,会接近它。由此可见,在3岁以前,儿童的情绪调节几乎都是依靠动作或行为来完成的,这也符合他们处于感知运动阶段的特点。

3~6岁期间,儿童的情绪调节能力发展迅速。在这段时间内,典型发展儿童能够发展出以下几种能力:能够识别自身情绪状态;在出现消极情绪或情绪过于激动时,能够正确运用相应的调节策略;面对活动中潜在干扰情绪的能力增强;逐渐出现一些精细的情绪调节的认知策略,如当儿童想吃雪糕时遭到了妈妈的拒绝,该儿童就会自我安慰说不吃雪糕可以吃点别的,或者不吃雪糕就不用拉肚子了,这就是儿童在利用认知策略,换一个角度思考,来调节自己的情绪。当然,在3~6岁期间,儿童是否会使用认知策略与成人的示范和引导密不可分,如果成人经常在儿童面前展示自己是如何调节情绪的,并且在儿童遇到了情绪困境时引导儿童使用策略,那么儿童就更有可能使用这些策略。在这个阶段,儿童开始出现一些掩饰情绪的行为和遵从情绪表达规则的行为。例如,当儿童收到一个他不喜欢的礼物时,他在众人面前仍然可能会表现得非常喜爱这个礼物,但是在私下时他会表露出不喜爱这个礼物。

进入小学后,儿童的情绪表达行为会更加灵活和熟练,所使用的情绪调节的策略会逐渐丰富,涉及生理层面、感受层面、认知层面和行为层面。例如,当儿童刚进入小学时,如果在学校遭受嘲笑,那么他们可能会非常生气,予以身体或言语攻击,或者告诉老师;但是随着儿童年龄的增长,再遇到此类事情,他们可能会通过认知策略(如同学们就喜欢这样相互开玩笑)、行为策略(如远离那些爱嘲笑他人的同学)或感受层面与生理层面的策略(如深呼吸,降低自己消极情绪的强度)来调节自己的情绪。

第三节 自闭症儿童的情绪能力

一、自闭症儿童情绪能力的特点

自闭症儿童的情绪能力发展常表现出滞后甚至是某种程度的缺损。

(一)情绪体验和情绪表达的特点

自闭症儿童的情绪体验和情绪表达是存在发展滞后或缺损的,这与他们的心智发展和自我意识发展有关。自闭症儿童有基本的情绪体验,如快乐、生气、厌恶、悲伤、惊奇、好奇、恐惧等,但是如果儿童缺乏自我意识,他们就很难清楚地观察和意识到自己发生了什么,因此也就无从表达情绪;如果还存在智力发展方面的缺陷,这就更不利于自闭症儿童的情绪分化和情绪表达的发展。

所谓情绪分化,是指儿童在成长的过程中除了几种基本的情绪体验外,还会逐渐有更复杂的情绪体验,特别是与自我意识相关的情绪体验,如尴尬、羡慕、同情、骄傲、害羞、内疚等。和典型发展儿童相似,要体验到这些更为复杂的情绪,自闭症儿童要先发展出"客体我",能观察自己的行动,用外在的社会标准来判断自己的行动成果,这样才能感受到这些复杂的情绪体验。因此,对于自闭症儿童而言,自我意识是他们情绪能力发展的重要基石。当自闭症儿童具备了"客体我",自我意识和言语能力逐步发展,他们才能进一步去描述和表达自己所体验到的情绪感受,情绪表达能力才能逐步获得发展。

与典型发展儿童相比,自闭症儿童很少能自发地表达情绪感受。研究表明,2岁左右的典型发展儿童就会开始使用"我感到""我认为""我想"等句式来表达自己的内心世界。但是,即便是大龄高功能的自闭症儿童,他们也极少在聊天中自发地进行上述表达,更不用说丰富的表达,尽管他们可以在被问及或训练时做出回答或简单描述。

(二)情绪认知的特点

1.自闭症儿童的表情识别能力

(1)自闭症儿童面部表情感知缺陷

表情识别能力的高低能反映儿童情绪图式的发展水平和内化程度。研究发现,自闭症儿童对面部表情感知存在缺陷,尤其对各种消极情绪表情的识别存在困难。例如,国内外研究者使用面部表情图片研究自闭症儿童对不同种类情绪的识别,发现自闭症儿童能较好地识别因外界情景而诱发的简单面部表情,如高兴、悲伤等,却很难识别因信念等诱发的较为复杂的面部表情,如惊讶、窘迫、尴尬、嫉妒等。此外,他们对传达消极情绪的表情(如害怕、不安、恐惧、愤怒等)的识别度更低。

(2)自闭症儿童面部表情感知缺陷的潜在机制

目前,国内外有关自闭症儿童表情识别障碍的解释性理论共有五种:面孔加工缺损说、脑部机制加工异常说、经验-预期模型、注意需求及社交动机减少理论、心理理论缺损说。研究发现,自闭症儿童面部表情的加工方式存在独特性(面孔加工缺损说):自闭症儿童对面部表情的视觉注意少于典型发展儿童,且偏好通过观察人脸下半部来理解他人表情,而典型发展儿童偏好通过观察人脸的眼周区域来理解他人表情;由于积极情绪可以仅仅通过嘴部肌肉的变化识别,消极情绪主要通过眼部信息进行传递和表达,因此在识别消极的面部表情时,不仅仅要靠嘴部肌肉的变化,更要借助于眼、眉的肌肉变化,但自闭症儿童往往回避眼部,更多注视嘴部,所以识别消极情绪比较困难。研究进一步发现,自闭症儿童在情绪与面部表情上的加工困难可能是从不规则的视觉感知过程,包括初级视觉领域的快速反馈和后期的整体加工开始的,他们的表情识别困难与其前脑叶的衰退有关,且这种困难可能与先天遗传有关(脑部机制加工异常说)。由于自闭症儿童先天的面孔识别系统机制受到损害,导致他们在发展早期未能获得丰富的面部表情识别经验,所以难以达到和典型发展儿童相当的能力水平(经验–预期模型);再加上因面部表情加工方面的缺陷,自闭症儿童缺乏由面部识别所触发的社交互动的积极反馈,这进一步导致了他们对识别他人的面部表情缺乏动机,甚至回避(注意需求及社交动机减少理论)。

(3)影响自闭症儿童面部表情识别的因素

面部表情识别障碍可能与自闭症儿童症状的严重程度有关。研究发现,自闭症儿童年龄越大,其面部表情识别状况越好;临床症状越轻,其面部表情识别状况也越好。此外,自闭症儿童在识别动态情绪面孔、高强度的面部表情时,其成绩会好于对静态情绪面孔和低强度的面部表情的识别。

2.自闭症儿童的情景情绪理解能力

(1)自闭症儿童情景情绪理解能力的特点

情景情绪理解是指在真实情境下理解情绪前因后果的整个过程,即理解某种情绪发生的情境、为何发生、发生后的影响等。自闭症儿童情景情绪理解的研究内容主要包括:情景情绪识别、情绪过程理解、自我情绪表现规则理解以及同社会情境相关的复杂情绪理解。

情景情绪识别是指在特定情境中对主人公的情绪进行识别或推断。已有研究多以玩偶表演、真人演绎等方式呈现故事情境,发现自闭症儿童往往不能理解特定情境中主人公的心理状态,尤其是在辨别情绪、解释情绪和展现适当社会行为方面有所欠缺。

情绪过程理解是指理解某种情绪为什么发生、发生后可能会带给自己或他人什么结果、哪些因素会影响情绪的发生以及如何影响等,也就是理解情绪前因后果的整个过程。有关情绪过程理解的研究主要包括情绪原因的理解、愿望与信念对情绪作用的理解等。情绪原因的理解主要考察儿童对情绪产生的原因的解释,即情绪归因;愿望与信念对情绪作用的理解则是指对情绪产生的原因是基于表层愿望还是深层内心信念的理解。研究表明,无论是情绪归因还是对愿望与信念对情绪作用的理解,自闭症儿童都存在较为明显的困难。

情绪表现规则是指在特定情境下情绪是该表露还是隐藏的原则。自我情绪表现规则包含了对自我情绪的保护和对他人情绪的不断认识与加工。对自我情绪表现规则的理解和运用要求儿童具备情绪归因和心理理论能力。研究发现,自闭症儿童能认知情绪表达规则,即他们知道在不同情境下是该表达自己的情绪还是该隐藏自己的情绪,但在人际交往过程中运用该规则的熟练度不如同龄典型发展儿童。

基于道德产生的情绪都是复杂情绪,如窘迫、内疚、害羞、骄傲等。有学者指出,培养自闭症儿童对复杂情绪的移情能力对其社会性发展非常重要,

更对其助人行为和利他主义的形成具有重大意义。但众多研究证明,自闭症儿童在识别他人的复杂情绪方面存在困难,大多数自闭症儿童仅关注对基本情绪的识别。

(2)自闭症儿童情绪理解困难的潜在机制

自闭症儿童情绪理解的困难与其智力水平、言语能力、心理理论缺损有很大关系。对于高功能自闭症儿童而言,即便他们的智力水平、言语能力与同龄人相当,但他们在心理理论方面仍然有很大欠缺。在心理理论中,依据个体解释情绪产生的原因可以将所有情绪划分为两类:基本情绪和认知性情绪。基本情绪是由现实情境和愿望等因素所引发的,如快乐、悲伤、恐惧和愤怒等,信念等认知性成分不参与到此类情绪中。而那些没有相对应的情境所触发的情绪,则更多地被归类为认知性情绪。认知性情绪是由信念和其他内部心理过程所激发的,认知性成分在其中发挥主要作用,这类情绪的主要代表是惊讶和尴尬。研究表明,大部分自闭症儿童的愿望理解保留得相对完整,他们能理解别人的愿望,并能根据愿望推测后续的行为,但难以理解别人的信念尤其是错误信念以及与此相关联的情绪。自闭症儿童在对心理状态的理解能力的发展方面呈现出一种不均衡性。

(三)情绪调节的特点

1.自闭症儿童的情绪调节障碍

研究显示,与典型发展儿童相比,74%的自闭症儿童存在情绪调节障碍,且自闭症儿童在情绪调节上更多地依靠他人,这说明他们还没有完成从依靠他人进行情绪调节到自我调节的过渡。

自闭症儿童的情绪调节困难主要表现为:第一,自闭症儿童不能正确识别自己的情绪,在日常生活中体验到的消极情绪多于积极情绪,且经常采取非适应性情绪调节策略,如回避、否认、自言自语、表达抑制和发泄等;较少使用适应性情绪调节策略,如情绪接受、问题解决和认知重评等。第二,自闭症儿童的情绪调节能力存在性别差异,女孩比男孩有更严重的情绪调节障碍,包括更高的反应性和焦虑性。

2. 自闭症儿童情绪调节障碍的潜在机制

自闭症儿童的情绪调节障碍,既有先天的生理缺陷和神经机制上的原因,也有认知和动机缺陷方面的原因。

(1)弱中央统合理论

该理论认为,普通个体通过提取整体意义或主旨来处理信息,而自闭症的特征是缺乏全局统合的驱动力。自闭症儿童对局部特征和信息的过度加工,使其在日常生活中无法有效地注意背景信息并进行整体加工。这种局部过度加工的方式或许会影响自闭症儿童的情绪调节过程。有研究者从自闭症儿童的内感觉信号出发来探讨弱中央统合理论对个体情绪、注意、动机的影响。个体若未能将离散的内感觉信号充分整合为一个连贯的整体,可能会导致其对自我或他人的情绪解释出现偏差。自闭症儿童无法对信息进行有效的整体加工,再加上其内感觉性差异,可能会导致其情绪识别和情绪调节困难、社会互动问题以及心理健康问题。

(2)执行功能缺陷

自闭症儿童在心理灵活性上存在显著缺陷,从而表现出持续性行为,且在某些情况下会表现出抑制优势反应能力受损;而执行功能的缺陷会严重影响个体采取适应性策略(即认知重评)并进而影响情绪调节,这也是自闭症儿童出现情绪调节障碍的重要原因。

（3）心理理论假说

心理理论假说认为，自闭症儿童无法进行心理化或未能考虑他人的心理状态而导致社交障碍。心理理论缺陷可能会导致自闭症儿童在评估自己的心理状态和情绪状态方面存在困难，而准确识别情绪状态的能力是成功进行情绪调节的重要前提，因此，心理理论存在缺陷可能会导致情绪调节发生障碍。

（4）社会动机理论

社会动机理论提出，自闭症是社会动机弱的极端案例。该理论提供了一个发展的视角，说明了异常的回报处理最终如何表现为自闭症儿童的社交缺陷，即社会奖励处理的缺陷导致社会定向、寻求和喜欢社会互动，以及社会维持行为的减少，最终表现为社会功能的整体缺陷。对于自闭症儿童来说，低社会动机会导致社会交往回避，从而无法从朋友身上学习适应性策略；而具有高社会动机的自闭症儿童在尝试进行社会互动时，又会由于情绪识别能力差与情绪调节障碍导致社会互动失败，进而降低社会动机。这种相互影响的关系可能是自闭症儿童存在情绪调节障碍的原因之一。

二、自闭症儿童情绪能力发展的影响因素

影响自闭症儿童情绪能力发展的首要因素是：与典型发展儿童相比，自闭症儿童大脑发育的偏离程度。自闭症儿童无论是在情绪体验、情绪表达、情绪认知还是情绪调节方面的行为困境，都离不开大脑发育偏差的影响，大脑发育的偏差越小，自闭症儿童情绪能力的发展受到的影响就越小；反之亦然。

尽管大脑发育的偏差会影响自闭症儿童情绪能力的发展，但是外界环境刺激对心理发展的影响也是巨大的，早期的密集干预会对自闭症儿童的发展产生积极的作用。研究发现，短期密集的情绪识别干预可以改善自闭症儿童大脑中与情绪有关的区域的神经反应模式，其大脑神经活动更偏向于典型发展儿童，尽管目前还不清楚这些改变是否是持久的。总之，研究者认为，如果能够有效地整合自闭症儿童的生物发展过程与认知行为干预过程，或许有可能预防或降低风险儿童显现典型的自闭症核心症状。

对自闭症儿童的情绪能力进行干预时，除了关注情绪能力本身，还需要考虑那些可能影响情绪能力发展的其他心理能力，并通过提高这些能力来促进自闭症儿童情绪能力的发展。这些影响因素包括智力水平与言语能力、感觉讯息处理能力、执行功能、心理理论和社会动机等。这些因素在前面介绍各种情绪能力的潜在影响机制时已经介绍过，在此就不再赘述。

第二章　自闭症儿童情绪能力的评估

对自闭症儿童开展情绪能力的评估是非常重要的。一方面,评估可以作为自闭症儿童临床诊断的参考依据;另一方面,评估也可以用于观测对自闭症儿童的干预效果。目前常用的评估方法包括问卷法和实验法。

第一节　用问卷法评估情绪能力

一、针对自闭症儿童展开的情绪能力问卷评估

(一)情绪认知问卷

情绪认知问卷对儿童在4种情绪情景(开心、难过、生气、害怕)中的情绪理解能力进行评估,测验包括对4种情绪的面孔情绪卡通图片的识别和对16个情绪情景故事的识别,每种情绪设置了4个情绪情景故事。测试者需要先正确通过面孔情绪识别之后,才能进入情绪情景故事的测试;儿童听完故事,需要在"开心""难过""生气""害怕""不知道"5个选项中选出符合故事情景的情绪感受。

根据研究者刘然祺的整理,每个类别的情绪情景故事的示例如下:
高兴:小强想邀请小明来家里玩,他问小明是否愿意来,小明说好。

生气:小强的弟弟故意摔坏哥哥最喜爱的玩具。

难过:小强和他的妹妹养小狗当宠物,这只小狗正在生病并且快要死了。

害怕:小强睡觉时梦见一只怪兽。

(二)自闭症儿童情绪能力发展评估量表

自闭症儿童情绪能力发展评估量表由周培丽、刘穿石编制,用于了解自闭症儿童情绪能力的发展状况。该量表由专业人员施测,共27个项目,分为情绪理解能力和情绪表达能力两个维度,主要评估自闭症儿童的开心、生气、伤心、害怕等4种基本情绪。情绪理解能力分量表包括情绪识别、情绪图片配对、情绪拼图、对他人情绪的理解与归因等任务;情绪表达能力分量表包括情绪表演、情绪模仿,以及图画欣赏、音乐欣赏、游戏、奖励情境等任务。

二、针对家长展开的自闭症儿童情绪能力问卷评估

针对家长展开的自闭症儿童情绪能力评估问卷,在国内采用最多的是研究者禹东川、徐承萍等人编制的《儿童情绪词汇理解能力问卷(父母问卷)》。对所列的每个情绪词汇,从"不理解""可能理解""清楚地理解"这3个程度中选出最能描述其孩子对该词汇的理解程度选项,对于"清楚地理解"的回答计1分,其余计0分。这套问卷让家长在相应的情绪词汇上进行3点评分(1.不理解;2.可能理解;3.清楚地理解),评估儿童在日常生活中对这些情绪词汇的理解程度。

第二节 用实验法评估情绪能力

一、面部表情识别

早期的研究通常采用表情照片的方式来考察自闭症儿童的面部表情识别能力,近年来更多地采用视频与音频结合的方式来考察自闭症儿童的情绪识别能力。国内外研究中比较常用的方式是英国 Baron-Cohen 教授团队所开发的"思维阅读"(MindReading)系统,通过直接采用该系统的素材或根据该视频库的制作原理重新编制素材,来考察自闭症儿童的面部表情识别能力。"思维阅读"系统通过三种方式来考察面部表情识别能力:第一种为表情图片,一般是用于表达靶情绪的静态面部图片;第二种为视频故事,均是以第三人称为主人公的、具有简单细节的、用以描述情绪诱因及结果的小故事;第三种为情绪变化动态视频,动态呈现与情绪相关的表情变化(如从比较生气到非常生气)。当每一项材料出现时,被测试者要在几个情绪备选项中选择出符合当前材料的情绪。

二、情景情绪识别

情景情绪识别的一般实验范式为:呈现一个生活场景,让儿童推测场景中主角的情绪。例如,张晓燕和于松梅的研究考察了自闭症儿童对4种情绪(高兴、伤心、害怕、生气)的情景理解。他们首先给儿童呈现图片:妈妈买了好多小蛋糕给兰兰吃。然后提问:"兰兰有这么多好吃的小蛋糕会怎么样呢?"让孩子选择相应的情绪图片作答。

三、情绪归因

情绪归因测试的一般实验范式为：呈现一个生活故事，故事中的主角有某种情绪体验，让儿童推测是什么原因导致了故事中主角的情绪。例如，在张晓燕和于松梅的测试故事中就主角情绪问题可以继续追问："为什么兰兰会这样呢？"以此来考察儿童对情绪归因的理解。

四、愿望信念情绪

愿望信念情绪测试的一般实验范式为：呈现一个故事，让儿童根据故事中主角的愿望是否达成和想法是否符合实际来进行情绪推测。例如，在张晓燕和于松梅的研究中，对于愿望-情绪的测试为：先给儿童讲一个非常简短的故事，如小美最喜欢做的事情是跳舞，她想去跳舞，妈妈却带她去游泳了。然后问儿童"这个时候小美会感觉怎么样"，并让孩子选择相应的情绪图片作答。对于信念-情绪的测试为：先给儿童讲一个故事，如乐乐最喜欢画画，她以为妈妈会送她一幅美丽的画，但是妈妈却想送她一本书。然后问儿童"这个时候乐乐会感觉怎么样"，并让孩子选择相应的情绪图片作答。

五、自我情绪表达规则

自我情绪表达规则的测试一般采用观察法，通过诱发自闭症儿童和典型发展儿童的挫折感来评估其情绪调节能力，对儿童的情绪应对策略进行编码和分类。例如，让儿童用一支没有墨水的笔画画，或者在儿童画画时趁其不备将他的画作弄乱等，通过这些方式给儿童制造挫折，观察他们在挫折中的情绪反应和情绪调节方式。

第三章 自闭症儿童情绪能力的干预

第一节 国内外干预的现状

一、以单一能力为目标的干预

儿童的情绪能力是一种综合性的心理能力,包含了情绪表达、情绪认知、情绪调控三种能力,每一种能力又可以划分为一些更单一的能力,如在情绪认知中,包含了面部表情识别、情景情绪识别、情绪过程理解、复杂情绪理解等能力。在以往许多研究中,研究者常常将单一能力作为目标,促进自闭症儿童情绪能力的发展。其中常见的以单一能力为目标的干预包括对面部表情识别能力的干预、对情景情绪理解能力的干预和对情绪过程理解能力的干预。

(一)对面部表情识别能力的干预

以面部表情识别能力为目标的干预是最为常见的情绪能力干预项目,目前此类型的干预在国内的干预中较为常见。以学者李艳玮和禹东川的研究为例,该干预课程在Baron-Cohen教授团队设计的"思维阅读"系统中提取素材并根据中国适龄自闭症儿童的情绪词汇理解特点进行了改编,对

6个基本情绪词语(高兴、伤心、生气、害怕、厌恶、惊讶)和20个复杂情绪词语的情绪理解进行了干预。该干预持续12周,每次干预课程学习2~4个情绪词语,共有干预课程60次。在每次干预时,儿童通过图片、故事和视频依次学习某个情绪词语。在图片学习时,治疗师给儿童呈现图片,用手指图片中人物的面部表情来吸引儿童对图片的注意;当儿童的注意力集中在图片上之后,治疗师对其讲述与图片有关的、含有少量细节的简单故事来解释图片中人物的情绪;待儿童熟悉图片之后,给他播放与之有关的小视频,使其可以通过面部表情的动态变化来更加深刻地了解该情绪;视频播放后,治疗师还会和儿童一起试图去模仿人物的表情,并让儿童观察治疗师的面部表情变化、捕捉自己的面部表情变化。

根据对自闭症儿童开展面部表情识别的干预研究,经过干预后自闭症儿童的面部表情识别能力有显著提升,在CARS量表中的得分有所下降,共情能力有所提升,但接受干预的自闭症儿童的情绪识别能力和典型发展儿童仍然有较大差距。此外,还有不少研究指出,对单一的面部表情识别能力的干预的迁移效果有限,泛化效果仍有待提升。

(二)对情景情绪理解能力的干预

结合绘本治疗的情景情绪干预被证实为是一种有效方法,可以帮助自闭症儿童提高情景中的情绪理解能力。在刘然旗和金野的研究中,研究者根据自闭症儿童的视觉加工特点改编了6本经典的情绪理解绘本(《菲菲生气了——非常、非常的生气》《生气汤》《生气的亚瑟》《罗伯生气了》《我变成一只喷火龙了!》《我不想生气》),每本绘本花费两课时,其中一课时是引导儿童熟悉与理解绘本,另一课时是与儿童展开回合式对话并引导儿童理解绘本中的情绪与情绪变化过程,共开展了12次(课时)的干预。结果显示:干预后自闭症儿童对绘本所涉及的"生气"的情景情绪理解能力有显著提升,但对其他基本情绪理解能力的干预效果不明显。

(三)对情绪过程理解能力的干预

对情绪过程理解能力的干预是目前难度最大的一部分干预,因为对情绪过程的理解要求个体有提取、分析与归纳信息的能力,有较好的内在心理加工能力(如能理解错误信念,能推测一些与现实不符的想法),有较好的语言理解能力,而这些能力对于自闭症儿童而言又或多或少地存在困难。目前,有关对情绪过程理解能力(特别是信念-情绪理解能力)的干预,其迁移和泛化效果都不佳。以Baron-Cohen教授团队设计的"运输者"(The Transporter)动画系统为例,该系统设计的理论依据是心理理论和极端男性大脑理论。整套动画包括15个关键情绪主题,每集动画持续5分钟,关注某一种关键的情绪或心理状态。其目的在于提高3~8岁自闭症儿童的情绪识别和理解能力。Baron-Cohen教授认为,以交通工具为动画片的角色符合自闭症儿童的特点。自闭症儿童的典型症状之一就是存在重复、刻板的行为,而交通工具的运行轨迹也是由一系列规则所限制的,比如火车只能沿着轨道运行,这与自闭症儿童刻板、僵化的思维方式不谋而合。因此,Baron-Cohen教授认为,通过这一干预形式,可以提高自闭症儿童的心灵解读能力。但后续多个团队的研究发现,该动画系统可以提高自闭症儿童的面部表情识别能力,但在情绪过程理解方面效果有限,且该系统的迁移和泛化效果有限。

二、以综合能力为目标的干预

以单一能力为目标的干预往往存在迁移和泛化效果不理想的问题,其原因在于这些干预虽然侧重了情绪能力的某一方面,却忽视了在日常生活情境中情绪情景和事件是复杂与综合的,需要人们调用情绪能力的各个维度整合性地应对情绪问题。因此,在对自闭症儿童的情绪能力进行干预时,也需要更加注重生活情境的设置和整合性地应对情绪问题。由Grant教授开发的AutPlay疗法就很好地满足了上述需求。

AutPlay疗法是一种基于游戏治疗和行为治疗的、专门用于治疗患有自闭症及其他神经发育障碍的儿童的干预方法。该方法的适用年龄为3~18岁。AutPlay疗法是一种结构性的游戏治疗方法,旨在通过指导性的游戏治疗技术对自闭症儿童进行干预训练,并达到促进自闭症儿童技能发展的最终目标。干预重点包括三个首要目标领域:情绪调节能力提升、社交技能发展、联结(关系发展)。干预重点的三个次要目标领域为:减少焦虑、感官处理、行为改变。

AutPlay疗法对自闭症儿童进行干预大致分为摄入与评估、结构化干预、终止三个阶段。在摄入与评估阶段,治疗师通过与父母谈话让父母明白自己在AutPlay治疗过程中所起的作用,并观察父母与孩子的相处模式;确定儿童当前最需要解决的问题并明确目标行为;与自闭症儿童建立和谐、信任的关系,帮助儿童尽快熟悉治疗师和游戏治疗环境。在结构化干预阶段,治疗师应依据儿童的能力发展水平确定采用非结构化还是结构化的干预方式,对儿童展开上述6个目标领域的干预。与此同时,治疗师还教授家长相关的AutPlay技术,让他们在家庭中对儿童进行干预,帮助自闭症儿童获得技能。在终止阶段,治疗师和家长共同评估儿童是否已经达到了治疗目标,如果已经达到,就终止干预。

AutPlay治疗程序中包含了认知行为干预、自然主义干预、强化、自我管理等13项已经被循证研究证实有效的实操方法。临床结果和案例研究显示,参加AutPlay治疗能够使自闭症儿童的情绪能力得到提升。

三、情绪能力干预的技术

(一)干预技术

应用行为分析技术、认知行为疗法、游戏治疗等心理行为治疗技术都经常用于自闭症儿童的情绪能力干预。

应用行为分析技术是指个体对已知行为有了充分了解之后,能够对后续的行为进行预测,并采用行为改变的技术对该行为进行干预,促进行为社会化的过程。回合式教学是应用行为分析中的核心教学策略,主要是通过一对一的行为教学方法,改善自闭症儿童的临床症状。回合式教学将目标分解成一个个容易完成的子目标,运用强化的手段,按照顺序训练每个子目标,进行多个回合,直到完成目标为止。

认知行为疗法是通过改变认知带来行为改变,进而改善负性情绪的干预技术。认知行为疗法主要作用于自闭症儿童的情绪认知、情绪识别及情绪表达等方面的缺陷。认知行为疗法的具体干预方法包括视觉支持、角色扮演、动手活动和工作表活动等。运用认知行为疗法对自闭症儿童情绪调节能力进行干预在国外已经发展成熟,而且有大量研究证实了它的有效性。

游戏治疗是治疗师以游戏作为沟通媒介帮助个体达成治疗目标的过

程。游戏治疗的流派众多，如精神分析流派、认知行为流派、格式塔流派、人本主义流派等。游戏治疗按照主导地位不同大致可以分为三类：以儿童为中心的儿童中心游戏治疗（非指导性游戏治疗）、以治疗师为主导的结构性游戏治疗（指导性游戏治疗）以及综合以上二者特点的整合性游戏治疗。研究发现，游戏治疗对自闭症儿童的心理和行为障碍具有明显的干预效果。

（二）干预媒介

在情绪能力的干预中，常将上述技术与视频、动画片、电脑程序系统等媒介结合，也就是与现代数字化信息技术相结合。基于数字化信息技术的干预可以弥补传统疗法中的一些弊端，如自闭症儿童对治疗师的抵触情绪以及周围复杂环境的影响等。数字化信息技术运用先进的设备和技术，吸引自闭症儿童参与到训练过程中，从而增强其情绪调节的意识和能力。例如，前文介绍的Baron-Cohen教授团队设计的"思维阅读"系统和"运输者"动画系统就是利用了此类技术。此外，国内外研究者还相继开发了FaceSay、JeStiMulE、Mix、情绪互动指南、表情大考验、生活即游戏等系统来干预自闭症儿童的情绪能力。

第二节　目前干预存在的问题

一、干预存在的问题及原因分析

情绪能力受损是自闭症儿童的一个典型问题,相关能力的障碍和缺失,不仅会影响儿童的日常生活,还会影响他们的社会参与,并直接影响他们的社会交往,严重的情绪问题还会使他们出现自伤行为和攻击性行为等多种问题行为,所以情绪能力干预对自闭症儿童来说是非常必要的。尽管国外有大量的关于自闭症儿童情绪能力的干预方案,但目前国内系统性的干预方案仍然缺乏,更多的是针对单一目标的干预。

对单一目标的干预则存在迁移与泛化效果有限的问题。原因一在前文中已提及,即这些干预忽视了在日常生活情境中情绪情景和事件是复杂与综合的,需要人们调用情绪能力的各个维度以及其他心理能力,整合性地应对情绪问题。因此,在对自闭症儿童的情绪能力进行干预时,需要更加注重生活情境的设置和整合性地应对情绪问题。原因二在于自闭症儿童的认知灵活性较差,行为较刻板,情绪情景的改变可能使他们难以将已学习到的情绪识别、推理能力等运用到新的情境中。因此,在对自闭症儿童的情绪能力进行干预时,需要针对不同自闭症儿童制定个性化的方案,尽可能多地涉及他们日常生活中的典型情境。原因三在于自闭症儿童的情绪能力缺损,除认知层面的因素之外,还与他们自身的感觉信息处理能力存在障碍有关。因此,只在认知层面进行干预,忽视自我感受层面的干预,难免会影响干预效果。

二、未来改进措施

针对干预的维持和泛化效应问题,笔者认为,可以从以下几个方面对目前的干预措施进行改进。

首先,正确评估自闭症儿童情绪能力的发展特点和发展水平,慎重选择干预的介入起点,设置个性化的干预策略。自闭症儿童情绪能力的发展特点与典型发展儿童有很大的区别。例如,自闭症儿童有基本的情绪体验,但是与自我意识有关的情绪体验发展滞后,要引导自闭症儿童觉察和表达与自我意识相关的情绪体验,则需要在其发展出"客体我"、有初步的自我认识能力的基础上展开干预。如果自闭症儿童的情绪能力发展并未进入情绪能力中某目标行为的最近发展区而又接受相应干预,那么干预效果可能不佳。因此,在实施干预前,治疗师需要正确评估自闭症儿童情绪能力的发展特点与发展水平,以及相关能力的发展特点与发展水平,依据评估结果找到干预起点,并形成合适的干预策略。

其次,依据自闭症儿童的临床症状灵活地采用集中式或嵌入式的情绪能力干预模式。集中式的干预是指针对自闭症儿童某方面的情绪能力问题,在儿童具备相应的先备能力的基础上,对该方面的情绪能力进行集中式、密集型的干预。嵌入式的干预是指将对情绪能力的干预化整为零,嵌入到日常生活中,进行泛化与迁移,并根据日常生活中出现的情绪能力问题,治疗师及时介入指导,或治疗师指导家长及时介入指导。在介入这两种形式的干预时,要依据自闭症儿童的临床表现,采取相应的干预措施。

再次,设置以结构化和自然情景化为核心维度的干预模式。结构化是指在干预时要设置目标行为,并围绕目标行为进行有计划的干预;自然情景化是指干预的环境应接近自闭症儿童的真实日常生活。该干预模式可以分为三个层级：高结构化-低自然情景化、高结构化-高自然情景化、低结构化-高自然情景化。对于临床症状较重的自闭症儿童而言，需要单独为他们设置情绪能力目标行为并进行有计划的干预；干预可以从高结构化-低自然情景化开始，逐步过渡到后两个层级。而对于临床症状较轻的自闭症儿童而言，尽管他们可能在自然情景下展现出一定的情绪能力，但也需要进一步稳定已有的情绪能力行为和促进更高阶的情绪能力行为的发展，干预可以从高结构化-高自然情景化开始，逐步过渡到最后一个层级。

最后，设置个性化的干预模式。要提升自闭症儿童的情绪能力，除了从认知层面入手，提升自闭症儿童对情绪的理解能力外，还需要从情感体验层面入手，引导自闭症儿童觉察自身的情绪，认识自己身边的情绪环境。每一个儿童的情绪环境都是独特的，是儿童和其成长的环境所共创的。例如，一个比较严厉的家长和一个比较和蔼的家长，他们带给儿童的愉悦体验可能是不一样的。在前一类家长的管教下，儿童对愉悦的体验可能是在达成了某一种条件、要求或标准后才有的情绪感受；而在后一类家长的管教下，儿童可能很容易、很频繁地体验到愉悦。既然情绪环境具有独特性，那么在引导自闭症儿童观察、获取和理解自己身边的情绪信息时，就需要从儿童自身的情绪环境特点出发，设置个性化的干预计划。

第四章　自闭症儿童情绪能力临床干预模式

第一节　干预模式建构的学理基础

在前人各类情绪干预研究的基础上,结合应用行为分析、认知行为疗法、游戏治疗、社交故事等循证支持干预技术的基本原理,继续沿用"整合式核心目标干预模式"对自闭症儿童的情绪能力进行干预。"整合式核心目标干预模式"是笔者提出的用于提升自闭症儿童心灵解读系列能力的干预模式,该模式已经在自我意识、共同注意的干预中取得了良好的效果。在情绪能力的干预中,该模式的基本原则、干预方法、干预策略与实施主体如下。

一、干预模式的基本原则

干预模式的基本原则是基于对自闭症儿童情绪能力的心理发展水平和临床症状的评估,制定多个发展目标分层干预的方案。

儿童的情绪能力是在大脑发育和心理发展达到一定的成熟度时开始萌芽,并按照一定规律发展的。因此,对自闭症儿童情绪能力的干预需要符合其心理发展规律,这也是"整合式核心目标干预模式"基本原则的确立依据。

在干预前，评估自闭症儿童的情绪能力及相关心理能力的发展特点和水平，据此来执行干预方案。

二、干预模式的干预方法

不同自闭症儿童的临床症状差异非常大。对于临床症状较重的自闭症儿童而言，他们尽管有各种情绪体验，但由于自我意识的缺乏，他们很难觉察自己所体验到的情绪；由于言语能力的限制，他们不太能表达情绪；由于思维发展的局限，他们不能理解内在心理，因而也无法了解情绪过程。基于此，需要单独为他们设置符合他们现有情绪能力及相关心理能力的干预目标，并进行有计划的干预。对于临床症状较轻的自闭症儿童而言，他们可能有一定的情绪能力，这就需要进一步巩固已有的情绪能力和促进更高阶的情绪能力的发展。

"整合式核心目标干预模式"强调在结构化和自然情景化双维度上选取合适层级进行介入，并运用回合式训练和关键反应训练两种方法进行干预。干预模式包括三个可介入的层级：高结构化-低自然情景化，在此层级中以回合式训练为主；高结构化-高自然情景化，在此层级中以回合式训练和关键反应训练为主；低结构化-高自然情景化，在此层级中以关键反应训练为主。

三、干预模式的干预策略

干预策略主要有两种：第一，集中式干预和嵌入式干预相结合，既要通过集中训练促进自闭症儿童情绪能力的核心目标行为的形成，又可以将干预嵌入其他干预项目中；第二，普适性干预与个性化干预相结合，既要引导自闭症儿童的认知情绪，又要结合自闭症儿童的情绪环境，引导其观察、获取、觉察和理解自己身边的情绪信息。

临床症状较重的自闭症儿童的接受能力较差，经干预后获得的目标行为的稳定性较差，迁移泛化效果也较差；临床症状较轻的自闭症儿童的接受能力较好，经干预后获得的目标行为的稳定性较好，迁移泛化效果也较好。因此，要依据自闭症儿童的临床症状，采取相应的干预措施。对于症状较重的患儿，既要进行集中、密集的情绪能力专项干预，也要将情绪能力干预嵌入其他干预项目和日常生活事件中。"整合式核心目标干预模式"强调要设置个性化的干预策略，将集中式干预和嵌入式干预相结合，既要集中促进自闭症儿童情绪能力的核心目标行为的形成，又要将干预嵌入其他干预项目中推进目标行为的泛化。

四、干预模式的实施主体

干预模式以治疗师为主要的实施主体，积极发展父母和同伴为重要的实施成员。研究发现，如果父母能参与对自闭症儿童的干预，以及自闭症儿童能在小组干预中和其他儿童共创情绪环境，干预效果就会更好。"整合式核心目标干预系统"强调以治疗师团队作为主要的干预实施主体，团队成员负责对自闭症儿童的情绪能力发展水平和临床症状进行评估，选择干预介入点，设置干预方案，实施干预；父母作为干预泛化的重要实施主体，他们经治疗师的培训在家庭日常生活中泛化自闭症儿童已经获得的情绪能力；小组同伴作为自闭症儿童的社会支持资源，在小组训练中共创情绪环境。

第二节　自闭症儿童情绪能力的临床干预模式

一、干预模式的内容

"整合式核心目标干预模式"的干预内容包含五大部分，分别是先备能力、情绪识别、情绪环境、情绪推理、情绪调节。

(一)先备能力

先备能力是指在干预情绪能力的核心目标行为之前，自闭症儿童需要具备的基础能力，这些能力有助于其更好地获得情绪能力的核心目标行为。先备能力包括面孔识别和情绪体验。

1.面孔识别

这是指自闭症儿童能够认识和区分自己与他人的面孔图片，能够识别小朋友、成人、老人的面孔。

2.情绪体验

这是指自闭症儿童能够体验到各类基本的情绪，并能够觉察到自己的情绪体验。

(二)情绪识别

此部分训练以面部表情识别为载体，达成识别自己的基本情绪、识别亲近家人的基本情绪、识别熟悉老师和同学的基本情绪、识别陌生人的基本情绪等目标。这部分训练旨在提升自闭症儿童的情绪识别能力，同时，也是在为建构自闭症儿童的情绪环境做铺垫。

(三)情绪环境

情绪环境是指儿童在与环境中的他人或其他环境因素互动时,可以观察到的他人的情绪反应,以及环境因素诱发的儿童的情绪体验。此部分训练旨在为自闭症儿童勾勒出个性化的情绪环境,如在自闭症儿童的日常生活中,他可能经常观察到的父母、老师、同学的情绪反应和诱发这些情绪反应的原因,以及环境因素所诱发的自闭症儿童的常见情绪体验。通过此部分训练,强化自闭症儿童对这些情绪的觉察与识别,并在此基础上引导自闭症儿童学习应对这些情绪的方法。

该部分训练分为基本情绪的环境构建和复杂情绪的环境构建两部分,每一部分都通过帮助自闭症儿童建立自己的情绪字典,并创编符合自闭症儿童情况的社交故事,引导自闭症儿童提升情绪觉察与识别能力。

情绪字典包含自闭症儿童自身、父母、老师、同伴等人的常见情绪。自闭症儿童情绪字典的建立可以进一步强化其情绪体验和表达;父母、老师和同伴的情绪字典的建立不仅可以帮助自闭症儿童识别生活中重要他人的情绪,也可以帮助父母和老师觉察自己的情绪,了解自己的情绪对自闭症儿童的影响,并调整自己的情绪。

(四)情绪推理

此部分训练旨在向自闭症儿童展示诱发情绪的常见原因,并引导自闭症儿童理解引发情绪的原因。此部分训练对于自闭症儿童来说难度较大,他们可能会理解某些特定情境下诱发情绪的原因,但不能迁移。因此,建议

结合前期所做的情绪字典来引导自闭症儿童"看见"诱发自己、父母、老师、同伴的情绪的原因,用可视化的方式(如流程图)来"学习"情绪事件。

(五)情绪调节

情绪调节主要包含两类策略:情绪稳定策略和情绪调节认知策略。

1.情绪稳定策略

这是指当自闭症儿童处于负性情绪体验风暴中时,能帮助其情绪更好地平复与稳定的策略。对于自闭症儿童而言,他们很难自发地使用情绪稳定策略来帮助自己平复情绪,所以在干预初期,治疗师和家长要做好辅助工作,通过辅助儿童平复情绪,来提升他们的情绪稳定性;在干预后期,根据自闭症儿童的情况,适当地激发他们更自主地平复情绪,减少家长和治疗师的引导。

2.情绪调节认知策略

这是指引导自闭症儿童建立积极思维来应对情绪问题的策略。根据笔者在临床工作中的经验总结,在此部分选取了两类容易诱发自闭症儿童负性情绪的事件:一类是挫折事件,另一类是被制止事件。挫折事件是指自闭症儿童想要达成一个目标却受挫,比如想玩一个玩具却被别的孩子捷足先登了,或者是在和别的孩子玩"石头、剪刀、布"的游戏时没有获得胜利。被制止事件是指自闭症儿童的某些违规行为或攻击性行为被制止了。在挫折事件和被制止事件中,自闭症儿童通常会有明显的情绪波动,此时除了可以引导他们稳定情绪外,还可以引导他们建立积极思维来调整情绪。

二、干预模式

(一)干预模式介绍

对先备能力中的面孔识别、情绪识别、情绪推理和情绪调节等部分的干预,都应遵循如下原则:在评估自闭症儿童的情绪能力发展水平的基础上,选取介入点,设计和选择训练方案,即高结构化-低自然情景化、高结构化-高自然情景化和低结构化-高自然情景化等三个层级的训练方案。在高结构化-低自然情景化层次中,训练方式以回合式训练为主,训练主体是治疗师,结合电脑动画系统,采取密集式训练;在高结构化-高自然情景化层级中,以回合式训练和关键反应训练为主,可以加入小组训练,训练主体是治疗师,治疗师应指导父母参与训练,此时的训练仍然是密集式训练;在低结构化-高自然情景化层次中,训练方式以关键反应训练为主,训练主体扩展为治疗师、经培训的父母,训练可以加入小组训练,此时的训练可以是嵌入式训练,也就是将训练嵌入日常生活中或其他训练项目中。

对于先备能力中的情绪体验、情绪环境,这两部分的干预则有所不同,在评估自闭症儿童的情绪能力发展水平和选取介入点后,要从高结构化-高自然情景化的干预模式着手,逐渐转向低结构化-高自然情景化的干预模式。

(二)干预模式应用举例

以情绪调节中的情绪稳定策略为例。本部分干预的目标行为是自闭症儿童能够在成人的辅助下或脱离成人辅助自发地使用情绪稳定策略调整负性情绪。

在高结构化-低自然情景化的训练中,治疗师使用动画系统引导自闭症儿童学习情绪稳定策略;动画系统中呈现了常见的情绪稳定策略,如转移注意力、主动回避、寻求帮助、呼吸练习等。当儿童能够顺利完成动画系统训练后,治疗师在实际教学场景中创设与动画系统一致的情境,引导儿童进行角色扮演,练习情绪稳定策略。

在高结构化-高自然情景化的训练中,治疗师在前期"情绪环境"的干预基础上,结合自闭症儿童的情况,引导自闭症儿童有效使用情绪稳定策略。治疗师可以在自然训练情境中诱发儿童的负性情绪,并引导自闭症儿童使用策略。

低结构化-高自然情景化的训练可以分为治疗师与受训儿童一对一训练、小组训练以及经过培训的家长在家带领自闭症儿童训练。比如在干预机构中,治疗师密切注意儿童的情绪状态,当自闭症儿童出现负性情绪时,引导其使用在前两个阶段练习的情绪稳定策略,并给予强化,促进泛化。又如,治疗师引导家长了解自闭症儿童使用情绪稳定策略的情况和特点,家长在日常生活中关注儿童的情绪状态,当自闭症儿童出现负性情绪时,引导儿童使用在前两个阶段练习的情绪稳定策略,并给予强化,促进泛化。

第五章　先备能力训练

前文已提及,先备能力包括面孔识别和情绪体验。先备能力的干预适合刚开始进行情绪能力干预的自闭症儿童。

面孔识别的干预目标为引导受训儿童准确迅速地对身边他人的面孔进行辨认,并以此来激发受训儿童对身边他人,特别是他人表情的关注。此部分的干预方法为:结合回合式训练和关键反应训练方法来完成训练室中的高结构化-低自然情景化的个别训练、小组训练。

情绪体验的干预目标是通过诱发受训儿童的各类基础体验来引导他们觉察自身的情绪体验,并初步命名自己的情绪体验。此部分的干预方法为:结合回合式训练和关键反应训练方法,从高结构化-高自然情景化的干预模式着手,逐渐转向低结构化-高自然情景化的干预模式,实施个别训练、小组训练和居家训练。

第一节　面孔识别

一、识别自己和家人的面孔

(一)认识面孔

1. 训练目标

儿童能够认识自己和家人的面孔照片。

2. 主要内容

初阶训练:治疗师依次呈现儿童自己和家人的面孔照片,引导儿童进行观察并命名。

进阶训练:引导儿童将相同的面孔照片进行配对。

3. 工具箱

儿童自己和家人的面孔照片、两个篮子。

4. 训练对象

儿童具有一定的社交沟通能力,能够进行图片配对。

5. 训练步骤

(1)初阶训练:识别自己和家人的面孔照片

◐ 训练目标

治疗师依次呈现儿童自己和家人的面孔照片,儿童能够进行命名和指认。

◐ 训练步骤

A.治疗师将儿童和家人的面孔照片正面朝下放在一个篮子里,将另一个空篮子放在一旁,然后与儿童面对面坐下。

B.治疗师依次从篮子里拿出面孔照片,将面孔照片朝向儿童,等待儿童反应,如命名照片(如"爸爸")或指认。

C.治疗师将其他家庭成员的照片依次呈现,让儿童命名或指认。

D.多次重复,直至儿童能够命名或指认全部家庭成员的照片。

◐ 达标标准

步骤	儿童正确反应	达标标准
1	当治疗师呈现面孔照片时,儿童命名或指认照片	多次重复,儿童能够在治疗师呈现面孔照片时进行命名或指认。连续3次及以上

(2)进阶训练:正确配对自己和家人的面孔照片

◐ 训练目标

儿童能够将自己、家庭成员的面孔照片进行配对。

◐ 训练步骤

A.治疗师提前准备多张儿童和家人不同的照片,然后与儿童面对面坐下。

B.治疗师拿出儿童和一位家人的照片各2张,如"爸爸和儿童",随后将4张面孔照片上下各2张呈田字形摆放。治疗师一边说"把爸爸的照片放在一起",一边拿取爸爸的2张照片放进篮子里进行配对示范。

C.治疗师再次拿出儿童和一位家人的照片各2张,如"妈妈和儿童",随后将4张面孔照片上下各2张呈田字形摆放。治疗师发出指令:"把妈妈的照片放在一起。"等待儿童将相应的面孔照片正确放入篮子后,治疗师回应儿童,如"你真棒"。

D. 多次重复,直至儿童能够将其他家庭成员的面孔照片进行配对。

◐ 达标标准

步骤	儿童正确反应	达标标准
1	当治疗师呈现面孔照片时,儿童将自己、家庭成员的面孔照片进行配对	多次重复,儿童能够将自己、家庭成员的面孔照片进行配对。连续3次及以上

(二)区分面孔

1. 训练目标

儿童能够根据治疗师的指令识别自己和家人的面孔。

2. 主要内容

初阶训练:治疗师依次呈现儿童自己和家人的面孔照片,引导儿童拿取并命名。

进阶训练:引导儿童能够根据治疗师的指令将对应的面孔照片进行配对。

3. 工具箱

儿童自己和家人的面孔照片、两个篮子。

4. 训练对象

儿童已经能够识别自己和家人的面孔。

5.训练步骤

(1)初阶训练:根据指令拿取对应的面孔照片

● 训练目标

儿童能够根据治疗师的指令拿取对应的面孔照片。

● 训练步骤

A.治疗师准备多张面孔照片,与儿童面对面坐下。

B.训练时,治疗师一边伸出手掌,掌心向上,一边对儿童发出指令"爸爸/儿童",示意儿童拿取对应的面孔照片。若儿童无反应,可通过用手指示对应的面孔照片,提示儿童拿取。儿童拿取后,治疗师回应儿童"你真棒"。

C.治疗师交替呈现家人的面孔照片,并发出拿取相应面孔照片的指令。多次重复,直至儿童能够根据治疗师的指令拿取对应的面孔照片。

● 达标标准

步骤	儿童正确反应	达标标准
1	当治疗师呈现儿童和家人的面孔照片,并发出拿取相应面孔照片的指令时,儿童根据治疗师的指令拿取对应的面孔照片	多次重复,儿童能够根据治疗师的指令拿取对应的面孔照片。连续3次及以上

(2)进阶训练:根据指令匹配相同的面孔照片

● 训练目标

在人机交互系统下,儿童能够根据治疗师的指令匹配相同的面孔照片。

● 训练步骤

A.治疗师打开人机交互系统,然后与儿童面对训练系统并排坐下。

B.训练系统呈现多张儿童、家人的面孔照片时,治疗师命名照片如"爸爸",随后点击2张照片,进行配对示范。等待画面反应后,观察儿童反应。

C.治疗师回到开始的页面,出现多张面孔照片时,治疗师发出指令,如"妈妈",示意儿童点击照片。

D.根据儿童的能力,可增加面孔照片的数量,提高选择难度。

◐ 达标标准

步骤	儿童正确反应	达标标准
1	儿童正确点击相同人物的面孔照片	多次重复,儿童能够正确点击相同人物的面孔照片。正确率达到90%以上

二、识别不同年龄人物的面孔

(一)训练目标

儿童能够识别不同年龄人物的面孔照片。

(二)主要内容

初阶训练:治疗师呈现不同年龄人物的面孔照片,引导儿童进行命名。

进阶训练:引导儿童根据治疗师的指令拿取对应的不同年龄人物的面孔照片。

(三)工具箱

不同年龄人物的面孔照片、篮子。

(四)训练对象

(1)儿童能够识别自己和家人的面孔照片。

(2)儿童具备图片配对的能力。

(五)训练步骤

1.初阶训练:命名不同年龄人物的面孔照片

⬤ 训练目标

治疗师依次呈现不同年龄人物的面孔照片时,儿童能够进行命名。

⬤ 训练步骤

A.治疗师提前将不同年龄人物的面孔照片正面朝下放在一个篮子里,将另一个空篮子放在一旁,然后与儿童面对面坐下。

B.治疗师依次从篮子里拿出面孔照片,一边命名面孔照片,如"阿姨、叔叔、哥哥、姐姐、弟弟、妹妹"等,一边引导儿童跟随仿说,每仿说一次即将照片放入另一个篮子里。待儿童完成所有的仿说后,治疗师回应儿童,如"你真棒"。

C.治疗师再依次拿出照片,等待儿童命名。儿童命名后,即将照片放入另一个篮子里。待儿童完成所有的命名后,治疗师回应儿童,如"你真棒"。

⬤ 达标标准

步骤	儿童正确反应	达标标准
1	当治疗师呈现不同年龄人物的面孔照片时,儿童命名照片	多次重复,儿童能够在治疗师呈现不同年龄人物的面孔照片时进行命名。连续3次及以上

2.进阶训练:根据指令拿取不同年龄人物的面孔照片

⬤ 训练目标

儿童能够根据治疗师的指令拿取不同年龄人物的面孔照片。

⬤ 训练步骤

A.治疗师提前准备不同年龄人物的面孔照片,然后与儿童面对面坐下。

B.治疗师将不同人物的面孔照片摆在桌上,一边掌心向上伸手一边对儿童发出指令,如"姐姐",示意儿童将对应的照片拿给治疗师。儿童完成后,治疗师回应儿童,如"你真棒",然后将照片放进篮子里。

C.治疗师视儿童情况逐次增加面孔照片的数量,如"奶奶、弟弟、叔叔、阿姨"的面孔照片,并让儿童根据其指令拿取对应的面孔图片。

◐ 达标标准

步骤	儿童正确反应	达标标准
1	儿童根据指令拿取不同年龄人物的面孔照片	多次重复,儿童能够根据指令拿取不同年龄人物的面孔照片。连续3次及以上

第二节 情绪体验

一、察觉与命名自己的情绪

(一)训练目标

儿童能够在游戏活动中察觉并命名自己的情绪。

(二)主要内容

初阶训练:在活动后,引导儿童根据自己的感觉,选择对应的情绪图片。

进阶训练:在视频的提示下,引导儿童命名自己的情绪。

(三)工具箱

泡泡水、儿童喜欢的玩具、拼图。

(四)训练对象

(1)儿童能够理解并回答常见问题。

(2)儿童具有配对能力,能够完成拼图任务。

(3)儿童能够理解规则。

(五)训练步骤

1.初阶训练:匹配在活动中的情绪

● 训练目标

在活动后,儿童能够将情绪图片与自己在活动中的情绪进行匹配。

◐ 训练步骤

A.治疗师准备3张同一卡通人物开心、难过和生气的表情图片,将图片摆放在桌上,依次指着图片对儿童说:"这里有3张图片,我们玩了游戏后,你就把你在活动中的心情图片给我。"

B.匹配开心情绪。治疗师拿出泡泡水,与儿童面对面站立。治疗师问儿童:"你想要泡泡吗?"儿童回应后,治疗师吹出泡泡。当儿童做出开心的反应时,治疗师对儿童说:"玩泡泡的时候你感觉怎么样?把你的情绪图片拿给我。"

C.难过情绪的体验。治疗师与儿童面对面坐在桌子的两边,并将一个玩具放在桌子的中间,然后对儿童说:"现在我们来玩'一、二、三抢'的游戏,当我数到'三'时,我们就去拿玩具,谁先拿到谁就可以玩。"治疗师开始游戏,并拿到玩具。当儿童做出难过的反应时,治疗师对儿童说:"没有拿到玩具的时候你感觉怎么样?把你的心情图片拿给我。"

D.生气情绪的体验。治疗师与儿童面对面坐下,然后拿出拼图玩具,并将拼块取出散放在桌上,随后让儿童完成拼图。儿童完成拼图后,治疗师假装不小心破坏拼好的拼图。当儿童做出生气的反应时,治疗师对儿童说:"拼图被破坏的时候你感觉怎么样?把你的心情图片拿给我。"

◐ 达标标准

步骤	儿童正确反应	达标标准
1	儿童在活动后将开心的情绪图片与自己在活动中的情绪进行匹配	多次重复,儿童能够将开心的情绪图片与自己在活动中的情绪进行匹配。连续3次及以上

续表

步骤	儿童正确反应	达标标准
2	儿童在活动后将难过的情绪图片与自己在活动中的情绪进行匹配	多次重复,儿童能够将难过的情绪图片与自己在活动中的情绪进行匹配。连续3次及以上
3	儿童在活动后将生气的情绪图片与自己在活动中的情绪进行匹配	多次重复,儿童能够将生气的情绪图片与自己在活动中的情绪进行匹配。连续3次及以上

2.进阶训练:在提示下命名自己在活动中的情绪

◯ 训练目标

当治疗师依次播放儿童不同情绪反应的活动视频时,儿童能够命名自己的情绪。

◯ 训练步骤

A.治疗师依次重复初阶的游戏活动,同时跟随拍摄儿童的行为表现。

B.治疗师依次播放刚刚拍摄的儿童活动视频,并在视频播放后问儿童:"你刚刚感觉怎么样?"当儿童无法回答时,治疗师可以提示儿童命名自己的情绪,如"我很开心/难过/生气"。

◯ 达标标准

步骤	儿童正确反应	达标标准
1	治疗师呈现儿童的活动视频,儿童在治疗师的提示下命名自己的情绪,如"我很开心/难过/生气"	多次重复,儿童能够在观看活动视频后,根据提示命名自己的情绪,如"我很开心/难过/生气"。连续3次及以上

二、自主命名自己的情绪

(一)训练目标

儿童能够自主命名自己的情绪。

(二)主要内容

初阶训练:儿童能够命名自己在活动中的情绪。

中阶训练:治疗师播放儿童的情绪视频,儿童可以自主命名自己的情绪。

高阶训练:治疗师播放儿童在不同场景中的情绪视频,儿童可以自主命名自己的情绪。

(三)工具箱

气球、儿童喜欢的玩具、儿童在不同场景中的情绪视频。

(四)训练对象

(1)儿童能够理解并回答简单问题。

(2)儿童能够理解简单规则活动。

(3)儿童已完成前面觉察和命名自己情绪的训练。

(五)训练步骤

1.初阶训练:命名在活动中的情绪

◐ 训练目标

儿童能够命名自己在活动中的情绪。

第五章
先备能力训练

● 训练步骤

A.命名开心的情绪。治疗师拿出准备好的气球,与儿童面对面站立。治疗师问儿童:"你想要气球吗?"儿童回应后,治疗师将气球吹大,并系好气球拿给儿童玩,或趁儿童不注意松开气球口。当儿童做出开心的反应,如摸气球、拍气球时,治疗师问儿童:"你现在感觉怎么样?"儿童能够命名自己的情绪,如"我很开心"。

B.命名难过的情绪。治疗师拿出一个篮子,带领儿童到玩具处,让儿童挑选一个自己喜欢的玩具,治疗师同时也挑选一个儿童不喜欢的玩具,并将两个玩具放在篮子里,然后与儿童面对面坐下。治疗师对儿童说:"你想玩××(儿童喜欢的玩具名称)吗?我们来'点兵点将'吧,点到哪一个玩具我们就玩哪一个。"随后治疗师使用"点兵点将"的方式点到儿童不喜欢的玩具,并将玩具拿给儿童,治疗师则玩儿童喜欢的玩具。当儿童做出难过的反应,如哭、垂头丧气等时,治疗师问儿童:"你现在感觉怎么样?"儿童能够命名自己的情绪,如"我很难过"。

C.命名生气的情绪。治疗师在教室的中间摆放一张椅子,并准备一个儿童喜欢的玩具。治疗师对儿童说:"今天我们要来玩抢椅子的游戏,音乐停止的时候,谁抢到椅子谁就可以玩玩具。"随后治疗师开始游戏,并播放一首儿童喜欢的音乐,音乐开始时治疗师和儿童围绕椅子转圈,音乐停止时治疗师坐在椅子上,并拿到儿童喜欢的玩具。当儿童做出生气的反应,如抢玩具、推开治疗师等时,治疗师问儿童:"你现在感觉怎么样?"儿童能够命名自己当下的情绪,如"我很生气"。

达标标准

步骤	儿童正确反应	达标标准
1	在活动中，儿童命名自己的情绪，如"我很开心/难过/生气"	多次重复，儿童能够命名自己的情绪，如"我很开心/难过/生气"。连续3次及以上

2. 中阶训练：观看活动视频并命名情绪

训练目标

治疗师依次播放儿童不同情绪的活动视频，儿童能够命名自己的情绪。

训练步骤

A. 治疗师依次重复初阶的游戏活动，同时跟随儿童并拍摄其反应。

B. 治疗师依次呈现刚刚拍摄的儿童的情绪活动视频，并在视频播放后问儿童："你刚刚感觉怎么样？"多次重复，直至儿童能够命名自己的情绪，如"我很开心/难过/生气"。

达标标准

步骤	儿童正确反应	达标标准
1	治疗师播放儿童的活动视频，儿童命名自己的情绪，如"我很开心/难过/生气"	多次重复，儿童在观看活动视频后能够命名自己的情绪，如"我很开心/难过/生气"。连续3次及以上

3. 高阶训练：命名不同场景中的情绪

训练目标

治疗师依次播放儿童在不同场景中的活动视频，儿童能够命名自己的情绪。

训练步骤

A. 治疗师依次播放儿童在不同场景中的活动视频(如滑滑梯时开心的视频、被责备后难过的视频、玩具分配不如愿时生气的视频),待儿童将该段视频观看完后,治疗师问儿童:"你在××的活动中感觉怎么样?"等待儿童回应,如"我很开心/生气/难过"。

B. 多次重复,直至儿童能够独立命名自己在多个场景中的情绪。

达标标准

步骤	儿童正确反应	达标标准
1	治疗师播放儿童在不同场景中的活动视频,儿童命名自己的情绪	多次重复,儿童能够独立命名自己在不同场景中的情绪,如"我很开心/难过/生气"。连续3次及以上

第六章 基本情绪识别

本章旨在训练儿童识别基本的情绪,包括高兴、难过、害怕、生气等。通过此部分的训练,强化受训儿童对自己、熟悉的他人和陌生人的情绪识别,使受训儿童能够识别静态场景和动态场景中的面部表情。此部分的干预方法为:结合回合式训练和关键反应训练方法,从高结构化-高自然情景化的干预模式着手,逐渐转向低结构化-高自然情景化的干预模式。训练形式采用个别训练、小组训练和居家训练。

第一节 识别自己的情绪

一、识别高兴的情绪

(一)训练目标

儿童能够识别自己高兴的情绪。

(二)训练内容

初阶训练:治疗师呈现儿童高兴的视频和照片,引导儿童识别自己高兴的情绪。

进阶训练:在儿童进行高兴的活动后,引导儿童识别自己在活动中高兴的情绪。

(三)工具箱

儿童高兴的视频和照片,同一卡通人物高兴、难过、害怕和生气的情绪图片,袋子。

(四)训练对象

儿童能够命名自己的情绪。

(五)训练步骤

1.初阶训练:识别视频和照片中自己高兴的情绪

● 训练目标

治疗师呈现儿童高兴的视频和照片,儿童能够进行识别。

● 训练步骤

步骤1:

A.治疗师提前准备好儿童高兴的视频,与儿童面对面坐下。

B.治疗师播放视频,通过提问的方式,如"在玩××的活动中,你感觉怎么样",引导儿童观察并命名自己的情绪。

C.治疗师关闭视频,随后拿出准备好的高兴、难过、生气、害怕等情绪图片,让儿童挑选出相应的情绪图片。

D.多次重复,直至儿童能够根据视频识别自己高兴的情绪。

步骤2:

A.治疗师提前准备好儿童高兴的照片,与儿童面对面坐下。

B.治疗师拿出照片,通过提问的方式,如"在玩××的活动中,你感觉怎么样",引导儿童观察并命名自己的情绪。

C.治疗师拿出高兴、难过、生气、害怕等情绪图片,让儿童挑选出与照片对应的情绪图片。

D.多次重复,直至儿童能够根据照片识别自己高兴的情绪。

● 达标标准

步骤	儿童正确反应	达标标准
1	在治疗师播放儿童高兴的视频后,儿童挑选对应的情绪图片	多次重复,在治疗师播放儿童高兴的视频后,儿童能够识别自己高兴的情绪。连续3次及以上
2	在治疗师呈现儿童高兴的活动照片后,儿童挑选对应的情绪图片	多次重复,在治疗师呈现儿童高兴的活动照片后,儿童能够识别自己高兴的情绪。连续3次及以上

2.进阶训练:识别自己在活动中高兴的情绪

● 训练目标

儿童能够识别自己在活动中高兴的情绪。

● 训练步骤

A.治疗师准备一个不透明的袋子、2~3个儿童喜欢的玩具。

B.治疗师与儿童面对面坐下,对儿童说:"你想玩什么玩具?"儿童回应后,治疗师背对儿童,在袋子里装入儿童喜欢的玩具,随后拿出袋子,让儿童拿出玩具。

C.儿童表现出高兴的情绪时,治疗师问儿童:"你现在感觉怎么样?"儿童回应后,治疗师拿出准备好的高兴、难过、生气、害怕的情绪图片,让儿童挑选出与在活动中对应的情绪图片。

D. 多次重复,直至儿童能够识别自己在活动中的高兴情绪。

◐ 达标标准

步骤	儿童正确反应	达标标准
1	儿童拿到喜欢的玩具后,挑选对应的情绪图片	多次重复,儿童拿到喜欢的玩具后,能够挑选对应的情绪图片。连续3次及以上

二、识别难过的情绪

(一)训练目标

儿童能够识别自己难过的情绪。

(二)训练内容

初阶训练:治疗师呈现儿童难过的视频和照片,引导儿童识别自己难过的情绪。

进阶训练:在儿童进行难过的活动后,引导儿童识别自己在活动中难过的情绪。

(三)工具箱

儿童难过的视频和照片,同一卡通人物高兴、难过、害怕和生气的情绪图片,纸杯,乒乓球。

(四)训练对象

儿童能够命名自己的情绪。

(五)训练步骤

1. 初阶训练:识别视频和照片中自己难过的情绪

◐ 训练目标

治疗师呈现儿童难过的视频和照片,儿童能够进行识别。

◐ 训练步骤

步骤1:

A. 治疗师提前准备好儿童难过的视频,与儿童面对面坐下。

B. 治疗师播放视频,通过提问的方式,如"在玩××的活动中,你感觉怎么样",引导儿童观察并命名自己的情绪。

C. 治疗师关闭视频,随后拿出准备好的高兴、难过的情绪图片,让儿童挑选出与视频对应的情绪图片。

D. 治疗师根据儿童的能力逐步增加情绪图片的干扰项,如生气、害怕等。

E. 多次重复,直至儿童能够根据视频识别自己难过的情绪。

步骤2:

A. 治疗师提前准备好儿童难过的照片,与儿童面对面坐下。

B. 治疗师拿出照片,通过提问的方式,如"在玩××的活动中,你感觉怎么样",引导儿童观察并命名自己的情绪。

C. 治疗师拿出准备好的高兴和难过的情绪图片,让儿童挑选出与照片对应的情绪图片。

D. 治疗师根据儿童的能力逐步增加其他情绪图片的干扰项,如生气、害怕等。

E.多次重复,直至儿童能够根据照片识别自己难过的情绪。

● 达标标准

步骤	儿童正确反应	达标标准
1	在治疗师播放儿童难过的视频后,儿童挑选对应的情绪图片	多次重复,在治疗师播放儿童难过的视频后,儿童能够识别自己难过的情绪。连续3次及以上
2	在治疗师呈现儿童难过的照片后,儿童挑选对应的情绪图片	多次重复,在治疗师呈现儿童难过的照片后,儿童能够识别自己难过的情绪。连续3次及以上

2. 进阶训练:识别自己在活动中难过的情绪

● 训练目标

儿童能够识别自己在活动中难过的情绪。

● 训练步骤

A.治疗师准备1个纸杯、5个乒乓球和1个儿童喜欢的玩具,与儿童面对面坐在桌子两边。

B.治疗师对儿童说:"当我向桌面扔球时,你就用纸杯盖住滚过来的球,盖住5个球就可以获得××(儿童喜欢的玩具)。"

C.治疗师开始游戏,先缓慢将乒乓球扔向桌面,儿童盖住球后,治疗师回应儿童,如"盖住1个球了"。

D.等待儿童盖住2个球后,治疗师根据儿童的能力调整扔球的速度,如快速将球扔向桌面,"故意"让儿童无法盖球,引发儿童难过的情绪。

E.儿童表现出难过的情绪时,治疗师问儿童:"你现在感觉怎么样?"儿童回应后,治疗师拿出准备好的高兴和难过的情绪图片,让儿童挑选出与在活动中对应的情绪图片。

F.治疗师根据儿童的能力逐步增加其他情绪图片的干扰项,如生气、害怕等。

G.多次重复,直至儿童能够识别自己在活动中的难过情绪。

● 达标标准

步骤	儿童正确反应	达标标准
1	在儿童未能盖住指定数量的球出现难过情绪后,挑选对应的情绪图片	多次重复,在儿童未能盖住指定数量的球出现难过情绪后,能够挑选对应的情绪图片。连续3次及以上

三、识别害怕的情绪

(一)训练目标

儿童能够识别自己害怕的情绪。

(二)训练内容

初阶训练:治疗师呈现儿童害怕的视频和照片,引导儿童进行识别。

进阶训练:在儿童进行害怕的活动后,引导儿童识别自己在活动中害怕的情绪。

(三)工具箱

儿童害怕的视频和照片,同一卡通人物高兴、难过、害怕和生气的情绪图片,鳄鱼牙齿玩具。

(四)训练对象

儿童能够命名自己的情绪。

(五)训练步骤

1.初阶训练:识别视频和照片中自己害怕的情绪

● 训练目标

治疗师呈现儿童害怕的视频和照片,儿童能够进行识别。

● 训练步骤

步骤1:

A.治疗师提前准备好儿童害怕的视频,与儿童面对面坐下。

B.治疗师播放视频,通过提问的方式,如"在玩××的活动中,你感觉怎么样",引导儿童观察并命名自己的情绪。

C.治疗师关闭视频,随后拿出准备好的害怕和难过的情绪图片,让儿童挑选出与视频对应的情绪图片。

D.治疗师根据儿童的能力逐步增加其他情绪图片的干扰项,如高兴、生气等。

E.多次重复,直至儿童能够根据视频识别自己害怕的情绪。

步骤2:

A.治疗师提前准备好儿童害怕的照片,与儿童面对面坐下。

B.治疗师拿出照片,通过提问的方式,如"在玩××的活动中,你感觉怎么样",引导儿童观察并命名自己的情绪。

C.治疗师拿出准备好的害怕和难过的情绪图片,让儿童挑选出与照片对应的情绪图片。

D.治疗师根据儿童的能力逐步增加其他情绪图片的干扰项,如高兴、生气等。

E.多次重复,直至儿童能够根据照片识别自己害怕的情绪。

● 达标标准

步骤	儿童正确反应	达标标准
1	在治疗师播放儿童害怕的视频后,儿童挑选对应的情绪图片	多次重复,在治疗师播放儿童害怕的视频后,儿童能够识别自己害怕的情绪。连续3次及以上
2	在治疗师呈现儿童害怕的照片后,儿童挑选害怕的情绪图片	多次重复,在治疗师呈现儿童害怕的照片后,儿童能够识别自己害怕的情绪。连续3次及以上

2.进阶训练:识别自己在活动中害怕的情绪

● 训练目标

儿童能够识别自己在活动中害怕的情绪。

● 训练步骤

A.治疗师与儿童面对面坐下,拿出鳄鱼牙齿玩具,并对儿童说:"我有一个新玩具,先看看它是怎么玩的吧。"随后治疗师打开鳄鱼的嘴巴,用手按下鳄鱼的牙齿(牙齿有机关布置,触发到有机关的牙齿就会"咬手")。在按的过程中,治疗师表现出害怕的情绪,小心翼翼地按牙齿;或当触发到牙齿机关,鳄鱼闭上嘴巴时,治疗师也表现出害怕的情绪。

B.治疗师再次将鳄鱼的嘴巴打开,朝向儿童,并对儿童说:"现在你来按一按。"

C.在儿童按鳄鱼牙齿的过程中,当儿童表现出害怕的情绪时,治疗师问儿童:"你现在感觉怎么样?"儿童回应后,治疗师拿出准备好的害怕和难过的情绪图片,让儿童挑选出与活动中对应的情绪图片。

D.治疗师根据儿童的能力逐步增加其他情绪图片的干扰项,如高兴、生气等。

E.多次重复,直至儿童能够识别自己在活动中的害怕情绪。

◐ 达标标准

步骤	儿童正确反应	达标标准
1	儿童在按下鳄鱼牙齿表现出害怕的情绪后,挑选对应的情绪图片	多次重复,儿童在按下鳄鱼牙齿表现出害怕的情绪后,能够挑选对应的情绪图片。连续3次及以上

四、识别生气的情绪

(一)训练目标

儿童能够识别自己生气的情绪。

(二)训练内容

初阶训练:治疗师呈现儿童生气的视频和照片,引导儿童识别自己生气的情绪。

进阶训练:在儿童进行生气的活动后,引导儿童识别自己在活动中生气的情绪。

(三)工具箱

儿童生气的视频和照片,同一卡通人物高兴、难过、害怕和生气的情绪图片,积木。

(四)训练对象

儿童能够命名自己的情绪。

(五)训练步骤

1.初阶训练:识别视频和照片中自己生气的情绪

● 训练目标

治疗师呈现儿童生气的视频和照片,儿童能够进行识别。

● 训练步骤

步骤1:

A.治疗师提前准备好儿童生气的视频,与儿童面对面坐下。

B.治疗师播放视频,通过提问的方式,如"在玩××的活动中,你感觉怎么样",引导儿童观察并命名自己的情绪。

C.治疗师关闭视频,随后拿出准备好的生气和难过的情绪图片,让儿童挑选出与视频对应的情绪图片。

D.治疗师根据儿童的能力逐步增加其他的情绪图片的干扰项,如高兴、害怕等。

E.多次重复,直至儿童能够根据视频识别自己生气的情绪。

步骤2:

A.治疗师提前准备好儿童生气的照片,与儿童面对面坐下。

B.治疗师拿出照片,通过提问的方式,如"在玩××的活动中,你感觉怎么样",引导儿童观察并命名自己的情绪。

C.治疗师拿出准备好的生气和难过的情绪图片,让儿童挑选出与照片对应的情绪图片。

D.治疗师根据儿童的能力逐步增加其他情绪图片的干扰项,如高兴、害怕等。

E.多次重复,直至儿童能够根据照片识别自己生气的情绪。

● 达标标准

步骤	儿童正确反应	达标标准
1	在治疗师播放儿童生气的视频后,儿童挑选对应的情绪图片	多次重复,在治疗师播放儿童生气的视频后,儿童能够识别自己生气的情绪。连续3次及以上
2	在治疗师呈现儿童生气的照片后,儿童挑选对应的情绪图片	多次重复,在治疗师呈现儿童生气的照片后,儿童能够识别自己生气的情绪。连续3次及以上

2.进阶训练:识别自己在活动中生气的情绪

● 训练目标

儿童能够识别自己在活动中生气的情绪。

● 训练步骤

A.治疗师准备好积木,与儿童面对面坐下,对儿童说:"我们来搭积木,你想搭什么?"

B.儿童回应后,治疗师将积木拿给儿童,待儿童搭好后,治疗师故意将儿童的积木推倒。

C.当儿童表现出生气的情绪时,治疗师问儿童:"你现在感觉怎么样?"儿童回应后,治疗师拿出事先准备好的生气和难过的情绪图片,让儿童挑选出与活动中对应的情绪图片。

D.治疗师根据儿童的能力逐步增加其他情绪图片的干扰项,如高兴、害怕等。

E. 多次重复，直至儿童能够识别自己在活动中生气的情绪。

◐ 达标标准

步骤	儿童正确反应	达标标准
1	在积木被推倒儿童表现出生气的情绪时，挑选出对应的情绪图片	多次重复，在积木被推倒儿童表现出生气的情绪时，能够挑选出对应的情绪图片。连续3次及以上

第二节 识别他人的情绪

一、识别家人的情绪

(一)训练目标

儿童能够识别熟悉家人的基本情绪,如高兴、难过、害怕和生气。

(二)训练内容

初阶训练:在情境中能够识别熟悉家人的基本情绪,如高兴、难过、害怕和生气。

进阶训练:引导儿童识别视频或照片中熟悉家人的基本情绪,如高兴、难过、害怕和生气。

(三)工具箱

家人基本情绪如高兴、难过、害怕和生气的视频或照片。

(四)训练对象

儿童能够识别自己的基本情绪,如高兴、难过、害怕和生气。

(五)训练步骤

1.初阶训练:在情境中识别熟悉家人的基本情绪

◐ 训练目标

儿童在家居环境中能够识别熟悉家人的基本情绪。

◐ 训练步骤

A.治疗师指导家长创设相应的情境,家人在日常生活中表现出高兴、难过、害怕和生气的基本情绪。

B.家长可通过以下方式,如"××怎么了？××在做什么？××感觉怎么样",引导儿童进行识别。

◐ 达标标准

步骤	儿童正确反应	达标标准
1	当熟悉家人出现某一基本情绪时,儿童说出是什么情绪	多次重复,当熟悉家人出现某一基本情绪时,儿童能够说出其情绪。连续3次及以上

2.进阶训练:识别视频或照片中熟悉家人的情绪

◐ 训练目标

儿童能够识别出视频或照片中熟悉家人的基本情绪,如高兴、难过、害怕和生气。

◐ 训练步骤

A.治疗师指导家长在日常生活中拍摄儿童熟悉家人基本情绪的视频或照片。

B.家长拍摄完毕后,先给儿童播放视频或先让儿童观看照片,然后通过以下方式,如"××怎么了？××在做什么？××感觉怎么样",引导儿童进行识别。

◐ 达标标准

步骤	儿童正确反应	达标标准
1	当家长呈现出熟悉家人某一基本情绪的视频或照片时,儿童说出其基本情绪	多次重复,当家长呈现出熟悉家人某一基本情绪的视频或照片时,儿童能够说出其情绪。连续3次及以上

二、识别同伴的情绪

(一)训练目标

儿童能够识别熟悉同伴的基本情绪,如高兴、难过、害怕和生气。

(二)训练内容

初阶训练:在情境中能够识别熟悉同伴的基本情绪,如高兴、难过、害怕和生气。

进阶训练:引导儿童识别视频或照片中熟悉同伴的基本情绪,如高兴、难过、害怕和生气。

(三)工具箱

同伴基本情绪如高兴、难过、害怕和生气的视频或照片。

(四)训练对象

儿童能够识别自己的基本情绪,如高兴、难过、害怕和生气。

(五)训练步骤

1. 初阶训练:在情境中识别熟悉同伴的基本情绪

◐ 训练目标

儿童能够在情境中识别熟悉同伴的基本情绪。

◐ 训练步骤

A.治疗师指导家长带领儿童参加同伴的游戏活动,如在小区、公园等场所的同伴游戏活动。

B.当与同伴进行游戏时,同伴表现出高兴、难过、害怕和生气的基本情绪时,家长可通过以下方式,如"××怎么了？××在做什么？××感觉怎么样",引导儿童进行识别。

● 达标标准

步骤	儿童正确反应	达标标准
1	当熟悉同伴出现某一基本情绪时,儿童说出其情绪	多次重复,当熟悉同伴出现某一基本情绪时,儿童能够说出其情绪。连续3次及以上

2.进阶训练:识别视频或照片中熟悉同伴的情绪

● 训练目标

儿童能够识别出视频或照片中熟悉同伴的基本情绪,如高兴、难过、害怕和生气。

● 训练步骤

A.治疗师指导家长在日常生活中拍摄儿童熟悉同伴基本情绪的视频或照片。

B.家长拍摄完毕后,先给儿童播放视频或先让儿童观看照片,然后通过以下方式,如"××怎么了？××在做什么？××感觉怎么样",引导儿童进行识别。

● 达标标准

步骤	儿童正确反应	达标标准
1	当家长呈现出熟悉同伴某一基本情绪的视频或照片时,儿童说出其情绪	多次重复,当家长呈现出熟悉同伴某一基本情绪的视频或照片时,儿童能够说出其情绪。连续3次及以上

三、识别陌生人的情绪

(一)训练目标

儿童能够识别陌生人的基本情绪,如高兴、难过、害怕和生气。

(二)训练内容

初阶训练:在情境中识别陌生人的基本情绪,如高兴、难过、害怕和生气。

进阶训练:引导儿童在视频或照片中识别陌生人的基本情绪,如高兴、难过、害怕和生气。

(三)工具箱

陌生人基本情绪如高兴、难过、害怕和生气的视频或照片。

(四)训练对象

儿童能够识别自己的基本情绪,如高兴、难过、害怕和生气。

(五)训练步骤

1.初阶训练:在情境中识别陌生人的基本情绪

◉ 训练目标

儿童在自然环境下能够识别陌生人的基本情绪。

◉ 训练步骤

A.治疗师指导家长带领儿童到有陌生人的环境,如游乐场、商场等场所进行户外互动。

B.当观察到有陌生人表现出高兴、难过、害怕和生气的基本情绪时,家长可通过以下方式,如"他怎么了？他在做什么？他感觉怎么样",引导儿童进行识别。

● 达标标准

步骤	儿童正确反应	达标标准
1	当陌生人出现某一基本情绪时,儿童说出其情绪	多次重复,当陌生人出现某一基本情绪时,儿童能够说出其情绪。连续3次及以上

2.进阶训练:识别视频或照片中陌生人的情绪

● 训练目标

儿童能够识别出视频或照片中陌生人的基本情绪,如高兴、难过、害怕和生气。

● 训练步骤

A.治疗师指导家长准备陌生人基本情绪的视频或照片。

B.家长先给儿童播放视频或先让儿童观看照片,然后通过以下方式,如"他怎么了？他在做什么？他感觉怎么样",引导儿童进行识别。

● 达标标准

步骤	儿童正确反应	达标标准
1	当家长呈现出陌生人某一基本情绪的视频或照片时,儿童说出其情绪	多次重复,当家长呈现出陌生人某一基本情绪的视频或照片时,儿童能够说出其情绪。连续3次及以上

第七章　情绪字典

本章通过勾画受训儿童经常面临的情绪环境,帮助受训儿童了解自己、父母、老师、同伴常见的情绪反应和诱发这些情绪反应的常见原因。通过此部分的训练,强化受训儿童对这些情绪的觉察与识别,并在此基础上引导受训儿童学习应对这些情绪的方法。本章包含高兴、生气、难过、愤怒、害怕、厌恶这几种常见的情绪,通过建构受训儿童自己的情绪字典的方法,引导受训儿童去观察、识别身边的情绪环境;运用社交故事法,引导受训儿童了解在自己的情绪环境中常见情绪的诱发原因,以及应对方式。此部分的干预方法为:结合回合式训练和关键反应训练方法,从高结构化-高自然情景化的干预模式着手,逐渐转向低结构化-高自然情景化的干预模式。训练形式采用个别训练、小组训练和居家训练。

第一节　简单情绪字典

一、儿童的情绪

(一)训练目标

儿童能够察觉情绪,并能够应对在家庭情境和中心情境中的简单情绪。

(二)工具箱

情境故事图片。

(三)训练对象

儿童已经能够察觉和识别情绪。

(四)训练内容

引导儿童学习应对在家庭情境和中心情境中高兴、生气、难过和害怕的情绪。

1.高兴

(1)家庭情境

A.情境故事:《吃东西》

妈妈对圆圆说:"我要去超市买东西,你想要什么?"圆圆说:"我想要棒棒糖。"妈妈从超市回来后,拿出棒棒糖给圆圆。圆圆很高兴。

B.情绪解读

妈妈买了圆圆想要的棒棒糖,圆圆很高兴。

C.情绪应对

▲儿童应对方式一:

圆圆表达对妈妈的感谢:"谢谢妈妈。"

▲儿童应对方式二:

圆圆表达自己的感受:"好开心呀!"

D.其他应对方式

圆圆和妈妈分享棒棒糖。

(2)中心情境

A.情境故事:《接球》

甜甜老师和圆圆玩接球游戏,甜甜老师将球抛给圆圆,圆圆接住了甜甜老师抛来的球,甜甜老师对圆圆说:"你真棒!"圆圆开心地笑了。

B.情绪解读

圆圆接住了甜甜老师抛来的球,很高兴。

C.情绪应对

▲ 儿童应对方式一:

圆圆表达接住球的开心感受:"我接住了。"

▲ 儿童应对方式二:

圆圆表达还要继续玩游戏的想法:"还要玩接球。"

2.生气

(1)家庭情境

A.情境故事:《拿不到东西》

圆圆喜欢玩泡泡水,妈妈把泡泡水放在了柜子的上面,圆圆看到了想要玩,可是拿了很久都拿不到。圆圆很生气,一下子就哭闹起来。

B.情绪解读

妈妈把泡泡水放在了柜子上,圆圆拿不到,很生气。

C.情绪应对

▲ 儿童应对方式一:

圆圆向他人求助:"妈妈(或其他家人),我想玩泡泡水,可以帮我拿一下吗?"

▲儿童应对方式二：

圆圆自己想办法拿到泡泡水，如站在椅子上拿。

D.其他应对方式

可以先玩其他玩具，现在不玩泡泡水。

(2)中心情境

A.情境故事：《玩具被抢》

圆圆正在玩陀螺，明明走过来抢走了圆圆的陀螺，在一旁玩了起来。圆圆很生气，从椅子上跳了起来。

B.情绪解读

明明抢走了圆圆的玩具，圆圆很生气。

C.情绪应对

▲儿童应对方式一：

圆圆请求老师的帮助："老师，明明抢走了我的玩具。"

▲儿童应对方式二：

圆圆向明明表达自己的想法："这是我的玩具，不能抢，还给我。"

D.其他应对方式

圆圆和明明协商："我们轮流玩，我玩一会儿再给你玩。""如果你想玩，你可以找一个玩具和我交换。"

3.难过

(1)家庭情境

A.情境故事：《今天不去游乐场》

圆圆对妈妈说："我今天想去游乐场玩。"妈妈说："不行，今天外面下雨了，不能出去。"圆圆听了很难过，哭了起来。

B.情绪解读

圆圆不能去游乐场玩,很难过。

C.情绪应对

▲儿童应对方式一:

圆圆向妈妈提出要求:"妈妈,外面雨停了我们再去,可以吗?"

▲儿童应对方式二:

玩其他的玩具或进行其他的活动,如看电视。

(2)中心情境

A.情境故事:《被批评》

圆圆拿着笔在桌上涂画,甜甜老师看见了很生气,大声对圆圆说:"你在做什么? 不可以在桌上涂画。"圆圆很难过,哭了起来。

B.情绪解读

圆圆在桌上涂画,弄脏了桌子,甜甜老师批评了圆圆,圆圆很难过。

C.情绪应对

▲儿童应对方式一:

圆圆向甜甜老师道歉:"对不起,我不在桌子上画了。"

▲儿童应对方式二:

圆圆拿出纸巾将桌子擦干净。

4.害怕

(1)家庭情境

A.情境故事:《怕吹风机声》

圆圆在玩玩具,妈妈在一旁用吹风机吹头发。圆圆听见吹风机的声音很害怕,哭了起来。

B.情绪解读

圆圆听到吹风机的声音,很害怕。

C.情绪应对

▲儿童应对方式一:

圆圆用手把耳朵捂起来。

▲儿童应对方式二:

圆圆离吹风机远一点儿,到其他房间去。

D.其他应对方式

圆圆告诉妈妈:"妈妈,不要(在这里)吹了,我很害怕。"

(2)中心情境

A.情境故事:《害怕挑战》

甜甜老师将圆圆抱到较高的积木上,对圆圆说:"圆圆,跳下来。"圆圆觉得很高,很害怕。

B.情绪解读

圆圆站在较高的积木上,感到很害怕。

C.情绪应对

▲儿童应对方式一:

圆圆对甜甜老师说:"太高了,我害怕,我不跳。"

▲儿童应对方式二:

圆圆对甜甜老师说:"我想跳矮一点儿的积木。"

D.其他应对方式

圆圆对甜甜老师说:"老师,我要你牵着我跳。"

二、家人的情绪

(一)训练目标

儿童能够察觉家人的情绪,并学会应对在家庭情境中的家人情绪。

(二)工具箱

情境故事图片或视频。

(三)训练对象

儿童能够察觉和识别家人的情绪。

(四)训练内容

引导儿童学习应对在家庭情境中家人出现的高兴、生气、难过和害怕情绪。

1.高兴

(1)情境故事:《收拾玩具》

圆圆从玩具柜里拿出了自己喜欢的玩具,有积木、小汽车等,玩了一会儿后,圆圆将地上的玩具放回玩具柜。妈妈开心地笑了,对圆圆说:"你真乖!"

(2)情绪解读

圆圆将玩具放回了原位,妈妈很开心。

(3)情绪应对

▲ 儿童应对方式一:

圆圆笑着看向妈妈。

▲儿童应对方式二：

圆圆对妈妈说："妈妈，以后我也把玩具放好。"

(4)其他应对方式

圆圆告诉其他家人："我刚才自己把玩具放回玩具柜，妈妈表扬了我。"

2.生气

(1)情境故事：《在沙发上跳》

圆圆在客厅的沙发上跳来跳去，妈妈看见了，生气地对圆圆吼道："圆圆，你在干什么？快下来！"

(2)情绪解读

圆圆在沙发上跳，妈妈很生气。

(3)情绪应对

▲儿童应对方式一：

圆圆停止在沙发上跳。

▲儿童应对方式二：

圆圆停止在沙发上跳，并向妈妈道歉："妈妈，对不起，我不跳了。"

(4)其他应对方式

圆圆走向妈妈并抱住妈妈，对妈妈说："妈妈，你别生气了，以后我不在沙发上跳了。"

3.难过

(1)情境故事：《摔坏手机》

圆圆在沙发上拿着妈妈的手机看动画片，一不小心手机掉在了地上。妈妈看见后，皱着眉头对圆圆说："啊，我的手机摔坏了。"

（2）情绪解读

圆圆把妈妈的手机摔坏了,妈妈很难过。

（3）情绪应对

▲儿童应对方式一：

圆圆走近妈妈,对妈妈说："妈妈,对不起。"

▲儿童应对方式二：

圆圆对妈妈说："下次玩的时候我会小心的。"

（4）其他应对方式

圆圆对妈妈说："妈妈,我们把手机拿去修一下。"

4. 害怕

(1)情境故事:《害怕狗狗》

圆圆和妈妈在小区里玩,突然一只大狗狗跑了过来。妈妈看见后,指着狗狗大叫了起来："啊,狗狗来了。"然后妈妈拉着圆圆跑开了。

(2)情绪解读

妈妈看见了大狗狗,感到害怕。

(3)情绪应对

▲儿童应对方式一：

圆圆对妈妈说："我们不在这里玩了。"

▲儿童应对方式二：

圆圆对妈妈说："妈妈,我们躲开它。"

三、老师的情绪

(一)训练目标

儿童能够察觉熟悉老师的情绪,并学会应对在中心情境或者幼儿园情境中老师的情绪。

(二)工具箱

情境故事图片或视频。

(三)训练对象

儿童能够察觉和识别老师的情绪。

(四)训练内容

引导儿童学习应对在中心情境或者幼儿园情境中老师出现的高兴、生气、难过和害怕的情绪。

1.高兴

(1)情境故事:《完成拼图》

甜甜老师要求圆圆完成一个小猪拼图,圆圆将拼图拼好后拿给甜甜老师。甜甜老师笑了,对圆圆说:"你拼得真好!"

(2)情绪解读

圆圆完成了拼图,甜甜老师很高兴。

(3)情绪应对

▲儿童应对方式一:

圆圆笑着对甜甜老师说:"谢谢。"

▲儿童应对方式二:

圆圆对甜甜老师说:"我还想再拼一个。"

(4)其他应对方式

圆圆跟家人或其他老师、同伴分享:"刚才,我完成了拼图,甜甜老师表扬了我。"

2.生气

(1)情境故事:《打小朋友》

甜甜老师给圆圆和果果分发雪花片,果果从圆圆的篮子里拿走了一片雪花片,圆圆看见后,打了果果。甜甜老师看见了,生气地对圆圆说:"不可以打人。"

(2)情绪解读

果果从圆圆的篮子里拿走了一片雪花片,圆圆打了果果,甜甜老师很生气。

(3)情绪应对

▲儿童应对方式一:

圆圆向甜甜老师求助:"老师,果果拿走了我的雪花片。"

▲儿童应对方式二:

圆圆对甜甜老师说:"我错了,我不打人了。"

(4)其他应对方式

当果果再拿圆圆的雪花片时,圆圆告诉果果:"这是我的雪花片,你不要拿。"

3.难过

(1)情境故事:《推倒积木》

甜甜老师和圆圆一起用积木搭城堡,甜甜老师搭好后,圆圆碰到了桌子,把甜甜老师的积木城堡推倒了。甜甜老师看见后,很难过。

(2)情绪解读

圆圆推倒了甜甜老师的积木城堡,甜甜老师很难过。

(3)情绪应对

▲儿童应对方式一:

圆圆对甜甜老师说:"甜甜老师,对不起,我不是故意的。"

▲儿童应对方式二:

圆圆对甜甜老师说:"我给你搭一个城堡。"

4.害怕

(1)情境故事:《站在高处拿东西》

圆圆看见柜子上有一个气球,想要拿来玩。于是,他搬来一把高椅子,站在椅子上准备拿气球。甜甜老师看见了,大叫一声"啊",然后急忙跑过来,把圆圆从椅子上抱了下来,并对圆圆说:"不可以站这么高。"

(2)情绪解读

圆圆站在高椅子上拿东西,甜甜老师害怕圆圆摔下来。

(3)情绪应对

▲儿童应对方式一:

圆圆向甜甜老师道歉:"对不起,甜甜老师,我再也不站在高椅子上拿东西了。"

▲儿童应对方式二:

圆圆对甜甜老师说:"我想玩气球,请你帮我拿气球。"

(4)其他应对方式

圆圆告诉自己:"如果玩具放得太高,我可以先玩其他玩具。"

第二节　复杂情绪字典

一、家人的情绪

(一)训练目标

儿童能够察觉熟悉家人的情绪,并学会应对在家中或者社区情境中的家人情绪。

(二)工具箱

情境故事图片或视频。

(三)训练对象

儿童能够察觉和识别他人的情绪,并具有应对简单情绪的能力。

(四)训练内容

引导儿童学习应对家中或者社区情境中家人出现的愤怒、厌恶和失望情绪。

1. 愤怒

(1)情境故事:《书被撕坏了》

妈妈看完书后,将书放在茶几上就去做饭了。圆圆想折纸飞机,转头看见了茶几上的书,走过去撕下了其中的一页,折了一架纸飞机。这时,妈妈从厨房走出来,看见了茶几上撕坏的书,瞪大了眼睛,满脸通红。妈妈立即跑过去,一把拿过圆圆手里的纸飞机,用手指着书,大声地对圆圆说:"你怎么把我的书撕坏了,这是我最喜欢的书。"

(2)情绪解读

圆圆把妈妈的书撕下来折成了纸飞机,妈妈看见后很愤怒,大声地批评了圆圆。

(3)情绪应对

圆圆对妈妈说:"对不起,我以后不撕书了,我现在去把它粘好。"圆圆把书粘好后,用手工纸折了一架纸飞机。

(4)行为反馈

妈妈对圆圆说:"你真棒!你用手工纸折的纸飞机真好看。"

2.厌恶

(1)情境故事:《尖锐的声音》

吃晚饭时,圆圆用手里的勺子在桌子上划来划去,发出了尖锐的声音。妈妈听见后,皱着眉,捂着耳朵,对圆圆说:"太吵了,别划了。"

(2)情绪解读

圆圆用勺子划桌子,发出了尖锐的声音。妈妈听见后,皱着眉,捂着耳朵,感到很厌恶。

(3)情绪应对

圆圆对妈妈说:"对不起,我不玩勺子了。我已经吃饱了,我可以去玩玩具吗?"

(4)行为反馈

妈妈开心地对圆圆说:"你吃饱了,想要去玩玩具,那就去玩吧!"圆圆离开饭桌去玩玩具了。

3.失望

(1)情境故事:《电视看不了》

妈妈和圆圆走在回家的路上,妈妈笑着对圆圆说:"到家了我们就可以看《动物世界》了,真是太开心了!我们快点走吧!"到家后,妈妈拉着圆圆坐在沙发上,准备用遥控器打开电视机。结果按了很久,都没打开。妈妈叹了一口气,皱着眉头对圆圆说:"唉,电视机坏了,都看不了《动物世界》了。"

(2)情绪解读

妈妈想看《动物世界》,但是按了很久遥控器,都打不开电视机。妈妈叹了一口气,皱着眉头,感到很失望。

(3)情绪应对

妈妈对圆圆说:"电视机坏了,看不了《动物世界》了。但是没关系,我们明天修好再看吧!现在我们一起来玩老鹰捉小鸡的游戏。"

(4)行为反馈

妈妈和圆圆一起玩了老鹰捉小鸡的游戏,他们都很开心。

二、老师的情绪

(一)训练目标

儿童能够察觉熟悉老师的情绪,并学会应对在中心情境或者幼儿园情境中老师的情绪。

(二)工具箱

情境故事图片或视频。

(三)训练对象

儿童能够察觉和识别他人的情绪,并具有应对简单情绪的能力。

(四)训练内容

引导儿童学习应对在中心情境或者幼儿园情境中老师出现的愤怒、厌恶和失望情绪。

1.愤怒

(1)情境故事:《故意推倒花盆》

甜甜老师拿出两张恐龙画,对圆圆说:"我们先给恐龙涂色,等我们两个都涂完了,再一起玩火车,先涂好的人就坐在椅子上等一等。"圆圆先涂了一会儿后,转头看到了旁边的花盆,马上从椅子上起来走过去,使劲扯花盆里的叶子。甜甜老师看见后,对圆圆说:"不要扯叶子,回来坐好。"圆圆坐回椅子上,没过多久,又跑过去把花盆推倒了。甜甜老师看见后,满脸通红,瞪大了眼睛,双手叉着腰大声地对圆圆说:"你怎么又去弄花盆?花盆都被你推倒了!"

(2)情绪解读

圆圆不听从老师的要求,离开椅子去扯花盆里的叶子,并把花盆推倒了。甜甜老师看见后,满脸通红,瞪大了眼睛,双手叉着腰大声地批评了圆圆,感到很愤怒。

(3)情绪应对

圆圆对甜甜老师说:"对不起,我以后不推倒花盆了,我现在去把它扶起来。"圆圆扶好花盆后就坐在椅子上安静地等待。

(4)行为反馈

甜甜老师对圆圆说:"你真棒!等一会儿我们涂好后,就可以一起玩火车了。"两人都涂好后,甜甜老师开心地对圆圆说:"现在我们两个都涂完了,一起来玩火车吧!"

2. 厌恶

(1) 情境故事:《非要玩这个》

在训练室,甜甜老师对圆圆说:"我们一起来玩丢沙包的游戏。"圆圆听后,对甜甜老师说:"甜甜老师,我想玩轨道车,不想玩丢沙包。"甜甜老师说:"丢沙包的游戏很好玩,我们先玩丢沙包的游戏。"说完,甜甜老师拿着沙包准备开始游戏。圆圆拉住甜甜老师的手,不停地大喊大叫:"我就要玩轨道车,我不玩丢沙包……"甜甜老师听后,皱着眉头,对圆圆说:"我知道你想玩轨道车,能不能不要一直说了？我们先玩丢沙包,一会儿再玩轨道车!"

(2) 情绪解读

圆圆一直不停地对甜甜老师说想玩轨道车,甜甜老师听见后,皱着眉头,感到很厌烦。

(3) 情绪应对

圆圆对甜甜老师说:"那我们玩了丢沙包后,可以玩一会轨道车吗?"甜甜老师说:"当然可以。"

(4) 行为反馈

丢沙包的游戏结束后,圆圆开心地玩起了轨道车。

3. 失望

(1) 情境故事:《总是套不中》

圆圆和甜甜老师在玩轮流套玩具的游戏,甜甜老师说:"我想套火车。"随后就将圈圈丢向玩具区,圈圈套中了积木。甜甜老师看见后,立刻低着头,皱着眉头,一边叹气一边摇着头说:"唉,怎么没有套中呀？我想要火车,不想要积木。"

(2)情绪解读

甜甜老师想要套中火车,却套中了不想要的积木。甜甜老师看见后,立刻低着头,皱着眉头,一边叹气一边摇头,感到很失望。

(3)情绪应对

圆圆拿起积木,对甜甜老师说:"没套中火车也没关系,下次我们再套火车! 先玩积木,积木也很好玩!"

(4)行为反馈

甜甜老师接过积木,对圆圆说:"好的,我们一起玩吧!"甜甜老师拼完积木后,对圆圆说:"看,拼积木也很好玩!"

三、同伴的情绪

(一)训练目标

学会应对在中心情境或者幼儿园情境中同伴的情绪。

(二)工具箱

情境故事图片或视频。

(三)训练对象

儿童能够察觉和识别他人的情绪,并具有应对简单情绪的能力。

(四)训练内容

引导儿童学习应对在中心情境或者幼儿园情境中同伴出现的愤怒、害羞、厌恶和尴尬情绪。

1. 愤怒

(1)情境故事:《玩具分配不均》

甜甜老师给圆圆和乐乐分发拼接小火车的玩具,圆圆得到了5节"车厢",乐乐得到了1节"车厢"。乐乐看见后,拿起自己的"车厢"重重地扔到了地上,并大声吼叫。

(2)情绪解读

甜甜老师给乐乐的"车厢"比给圆圆的少,乐乐很愤怒。

(3)情绪应对

▲应对方式一:

乐乐对甜甜老师说:"我的这么少,圆圆的那么多,甜甜老师,你再给我一些吧!"

▲应对方式二:

乐乐对圆圆说:"圆圆,我的'车厢'太少了,你可以给我一些吗?"

(4)行为反馈

乐乐又得到了一些"车厢",很开心。

2. 害羞

(1)情境故事:《被表扬》

甜甜老师让圆圆和乐乐画画,乐乐画了一个大恐龙。乐乐将大恐龙拿给甜甜老师看,甜甜老师看见后,竖起大拇指对乐乐说:"你画得太好了!"乐乐听到后,脸立刻变红了,随后低下头,坐回了自己的位置。

(2)情绪解读

甜甜老师夸奖了乐乐,乐乐听见后很害羞。

(3)情绪应对

乐乐笑着对甜甜老师说:"谢谢!"

(4)行为反馈

甜甜老师开心地笑了。

3.厌恶

(1)情境故事:《不想玩拼图》

甜甜老师拿出一套拼图,对乐乐说:"今天我们来玩拼图。"乐乐看见拼图后,紧皱眉头,把甜甜老师手中的拼图抢了过来,扔在了地上。

(2)情绪解读

甜甜老师让乐乐玩拼图,乐乐很厌恶。

(3)情绪应对

乐乐对甜甜老师说:"我不喜欢玩拼图。我想玩火车,可以吗?"

(4)行为反馈

甜甜老师拿走了拼图,和乐乐一起玩火车。

4.尴尬

(1)情境故事:《拿错东西》

乐乐和圆圆在收拾书包准备回家,乐乐将圆圆的水杯放进了自己的书包里。圆圆看见后,对乐乐说:"这是我的水杯,你拿错了。"乐乐听到后,看向圆圆的水杯,挠了挠自己的头。

(2)情绪解读

乐乐将圆圆的水杯放进了自己的书包里,感到很尴尬。

(3)情绪应对

乐乐小声地对圆圆说:"对不起,我拿错了。"

(4)行为反馈

圆圆笑着说:"没关系。"

第八章　情绪推理

情绪推理是指对情绪产生的原因、情绪事件的过程及情绪或情绪事件导致结果的推断。在本章中，对自闭症儿童情绪推理的干预主要包括了解身边他人的情绪和常见的情绪诱发原因，以及自己的应对方式。对此部分的干预是建立在受训儿童自身情绪环境的基础之上的，每一位受训儿童除了通过一些情绪推理故事来提升情绪推理能力外，还需要治疗师和家长引导其将所获得的能力应用到自己的情绪环境中，通过编写符合受训儿童自身情况的情绪社交故事，泛化其情绪推理能力。除了情绪推理能力外，本章还进一步引导受训儿童对情绪事件做出一些简单的反应，以增进他们的社会适应能力。

此部分的干预方法为：(1)结合回合式训练和关键反应训练方法来完成训练室中的高结构化-低自然情景化的个别训练；(2)结合回合式训练和关键反应训练方法来完成训练室中的高结构化-低自然情景化的个别训练和小组训练；(3)运用关键反应训练方法来完成嵌入式的小组训练和居家训练。

第一节　家人的情绪

一、训练目标

儿童能够理解家人的情绪与发生的原因,并学会常见的应对方式。

二、工具箱

情绪故事图卡。

三、训练对象

儿童能够察觉、识别家人的情绪,并学会应对常见情绪的方法。

四、训练内容

引导儿童理解家人常见情绪的诱发原因,学习其应对的方式。

(一)高兴

1.情境故事:《帮忙提物》

妈妈和圆圆逛超市买了很多东西,回家的路上,圆圆主动从妈妈手中拿过一袋水果,并对妈妈说:"妈妈,我来帮你拿。"妈妈听见后,笑着对圆圆说:"谢谢圆圆,你真乖!"然后将手里的一袋水果递给了圆圆。

2.情绪解读

圆圆帮妈妈提东西,妈妈很高兴。

3.应对策略

(1)以后当妈妈手里拿着东西时,圆圆就主动帮忙拿。

(2)在家里,圆圆主动帮家人做其他家务事,如擦桌子、扫地等。

(二)生气

1.情境故事:《向窗外丢垃圾》

圆圆擦完鼻涕,然后走到窗前,将垃圾丢向窗外。妈妈看见后,立刻跑过来,用手指向窗外,大声地对圆圆说:"不能把东西丢到窗子外面去!"

2.情绪解读

圆圆将垃圾丢到窗外,妈妈很生气。

3.应对策略

(1)圆圆对妈妈说:"妈妈,对不起,我以后不往窗外丢垃圾了。"

(2)当圆圆要丢垃圾时,将垃圾丢进垃圾桶里。

(三)厌恶

1.情境故事:《多次被打扰》

妈妈在书房工作,圆圆走进书房对妈妈说:"妈妈,我要吃苹果。"妈妈把苹果给圆圆,就回到书房继续工作了。圆圆吃完苹果又跑进书房,拿着纸对妈妈说:"妈妈,给我折架纸飞机。"妈妈折好纸飞机后对圆圆说:"我现在在工作,你不要再进来了。等我工作完就和你玩。"妈妈回到书房继续工作,不一会儿,圆圆又来找妈妈了,妈妈皱着眉头,大声说:"唉,你怎么这么多事情？我的工作都没办法做了。"

2.情绪解读

圆圆多次去打扰妈妈工作,妈妈感到很厌烦。

3.应对策略

(1)圆圆对妈妈说:"妈妈,对不起,我不打扰你工作了。"然后圆圆就安静地在客厅自己玩玩具,等妈妈工作结束后再找妈妈玩。

(2)下次妈妈在家工作时,圆圆就去找爸爸玩。等妈妈工作结束后,再找妈妈玩。

(四)害怕

1.情境故事:《吹风扇》

妈妈在客厅吹风扇,圆圆在一旁穿串珠。圆圆穿好后,拿起串珠在风扇旁晃来晃去。妈妈看见后,瞪大了眼睛,立刻拉住圆圆的手,将串珠收了起来,对圆圆说:"这样太危险了,手会受伤的。"

2.情绪解读

圆圆在风扇旁将串珠晃来晃去,妈妈看见后,觉得很危险,感到很担心和害怕。

3.应对策略

(1)圆圆对妈妈说:"妈妈,对不起,我不玩了。"然后圆圆将串珠收了起来。

(2)当风扇打开时,圆圆玩玩具就远离风扇。

第八章 情绪推理

第二节　老师的情绪

一、训练目标

儿童能够理解老师的情绪与发生的原因,并学会应对的方式。

二、工具箱

情绪故事图卡。

二、训练对象

儿童能够察觉、识别老师的情绪,并学会应对常见情绪的方法。

四、训练内容

引导儿童理解中心情境或者幼儿园情境中老师常见情绪的诱发原因,学习其应对的方式。

(一)高兴

1.情境故事:《送玩具回家》

圆圆和甜甜老师一起在玩积木,到下课时间了,圆圆主动将地上、桌上的积木收进积木桶,并将积木桶放进柜子里。甜甜老师看见后,竖起大拇指,笑着对圆圆说:"你真棒!"然后给圆圆的手上盖了一个印章。

2.情绪解读

圆圆在游戏结束后,主动将玩具收起来,并放进柜子里,甜甜老师很高兴。

3.应对策略

(1)游戏结束后,圆圆都主动将玩具收起来,并放进指定地方。

(2)圆圆还帮助其他同伴收玩具。

(二)生气

1.情境故事:《故意撕书》

甜甜老师拿出一本故事书,对圆圆说:"我们来看书吧!"圆圆对甜甜老师说:"我不看书。"然后一把抢过甜甜老师手里的书,并扔在了地上。甜甜老师看见后,气得涨红了脸,指着地上的书,大声地对圆圆说:"你看看,书都被你扔地上了!"

2.情绪解读

圆圆不想看书,将甜甜老师手里的书丢在了地上,甜甜老师很生气。

3.应对策略

(1)圆圆对甜甜老师说:"对不起,我不应该把书扔在地上。"然后圆圆把书从地上捡起来。

(2)圆圆不想看书,当甜甜老师拿出书时,就对甜甜老师说:"甜甜老师,我现在不想看书,我想玩积木。"

(三)害怕

1.情境故事:《站在高处拿东西》

圆圆伸手拿柜子上的泡泡水,但是拿不到。于是圆圆站在椅子上拿,还是拿不到。然后,圆圆又搬来了一把椅子,叠在另一把椅子的上面。圆圆站上去后,椅子摇摇晃晃。甜甜老师看见后,立刻跑过去,对圆圆说:"圆圆,太危险了。快下来,快下来!"然后一把将圆圆抱了下来。

2.情绪解读

圆圆垫着脚站在椅子上拿高处的泡泡水,甜甜老师看见圆圆站的椅子摇摇晃晃的,觉得很危险,感到很担心、害怕。

3.应对策略

(1)圆圆对甜甜老师说:"老师,我想玩泡泡水,你可以帮我拿一下吗?"甜甜老师听见后,把泡泡水拿给了圆圆。

(2)当圆圆想拿高处的玩具,又找不到人帮忙拿时,就换其他的玩具玩。

第三节　同伴的情绪

一、训练目标

儿童能够理解同伴的情绪与发生的原因,并学会应对的方式。

二、工具箱

情绪故事图卡。

三、训练对象

儿童能够察觉、识别同伴的情绪,并学会常见情绪的应对方式。

四、训练内容

引导儿童理解同伴常见情绪的诱发原因,学习其应对的方式。

(一)高兴

1.情境故事:《生日送祝福》

乐乐今天满5岁,他带着蛋糕来和大家一起分享。圆圆看见后,走过去对乐乐说:"乐乐,祝你生日快乐!"然后拿出一张生日贺卡送给乐乐。乐乐接过贺卡,微微一笑,对圆圆说"谢谢",然后分享了一块蛋糕给圆圆。

2.情绪解读

乐乐过生日,圆圆送了他一张贺卡,祝福他生日快乐,乐乐很高兴。

3.应对策略

(1)待乐乐下次过生日时,再次送贺卡,并祝福他。

(2)当其他人过生日时,圆圆也向他们送出祝福。

(二)生气

1.情境故事:《抢玩具》

乐乐在桌子上玩火车玩具,圆圆看见后,跑过去,一把抢走了乐乐的玩具,在一旁玩了起来。乐乐立刻从椅子上站起来,脸气得通红,握紧拳头并大声地说道:"圆圆,这是我的玩具,还给我!"

2.情绪解读

圆圆抢走了乐乐的火车玩具,乐乐很生气。

3.应对策略

(1)圆圆走近乐乐,对乐乐说"对不起",然后将火车玩具还给了乐乐。

(2)圆圆想玩乐乐的玩具时,走到乐乐面前,对乐乐说:"我可以玩一下你的玩具吗?"乐乐同意后,圆圆再拿乐乐的玩具。

(三)难过

1.情境故事:《竞抢椅子》

圆圆和乐乐一起玩抢椅子的游戏,圆圆跟随音乐节奏越跑越快。当音乐停止时,圆圆一下撞到了乐乐的身上。乐乐摔倒在地,捂着膝盖哭着说:"你撞到我了,我的膝盖好痛啊!"

2.情绪解读

圆圆和乐乐玩抢椅子的游戏,圆圆把乐乐撞倒在了地上,乐乐的膝盖摔疼了,乐乐感到很难过。

3.应对策略

(1)圆圆走近乐乐,将乐乐从地上扶起来,对乐乐说:"对不起,我帮你吹一下。"

(2)圆圆再次和小朋友玩抢椅子的游戏时,听到音乐停止后,抢椅子时注意不撞其他小朋友。

(四)厌恶

1.情境故事:《不当的身体接触》

圆圆和乐乐在一起看动画片时,圆圆多次摸乐乐的脸,还将腿搭在乐乐的腿上。乐乐用力推开圆圆,皱着眉头大声地对圆圆说:"不要碰我,你太烦了。"

2.情绪解读

圆圆去摸乐乐的脸,还将腿放在乐乐的腿上。乐乐不喜欢圆圆触碰他,感到很厌恶。

3.应对策略

(1)圆圆把腿放下来,对乐乐说:"对不起,我下次不会这样了。"

(2)下次和小朋友一起看动画片时,圆圆坐在椅子上,不去触碰别人的身体。

(五)害怕

1.情境故事:《吓人的恐龙》

乐乐正在看书,圆圆突然从身后拿出一个张着大嘴巴、露出锋利牙齿的恐龙玩偶放在乐乐面前,并用恐龙玩偶"咬"住了乐乐的手。乐乐吓得浑身颤抖,张大了嘴巴,发出了"啊"的一声,立刻跑开了。

2.情绪解读

圆圆突然用恐龙玩偶吓乐乐,乐乐感到很害怕。

3.应对策略

(1)圆圆对乐乐说:"对不起,这是假的,不会咬人。"

(2)当圆圆想将恐龙玩偶或其他玩具分享给乐乐时,他走到乐乐面前,告诉乐乐:"我有一个很好玩的玩具,你要不要玩?"

第九章　情绪调节

　　本章对自闭症儿童情绪调节能力的干预包括情绪稳定策略和情绪调节认知策略。在对情绪稳定策略的干预中,先引导受训儿童练习常见的情绪稳定策略,再针对受训儿童的实际情况引导他们采取适合的情绪稳定策略,最后治疗师和家长在日常生活中选择恰当的时机引导受训儿童练习情绪稳定策略,以提升其情绪调节能力。对情绪调节认知策略的干预主要是引导受训儿童建立积极思维来应对情绪问题。本章选取了挫折事件和被制止事件。通常在挫折事件和被制止事件中,自闭症儿童会有明显的情绪波动,此时除了引导他们稳定情绪外,还可以引导他们建立积极思维来调整情绪。在对情绪调节认知策略进行干预时,需要根据受训儿童的实际情况,设置符合他们经历的典型的挫折事件或被制止事件,引导他们在日常情境中练习积极思维。

　　与前几章相似,本章的干预方法为:(1)结合回合式训练和关键反应训练方法来完成训练室中的高结构化-低自然情景化的个别训练;(2)结合回合式训练和关键反应训练方法来完成训练室中的高结构化-低自然情景化的个别训练和小组训练;(3)结合关键反应训练方法来完成嵌入式的小组训练和居家训练。

第一节　情绪的自我调节

一、训练目标

在情境中出现负性情绪时,儿童能够自主使用恰当的方法调节自己的情绪。

二、训练内容

初阶训练:引导儿童通过动画视频学习调节负性情绪的方法。

中阶训练:当儿童在模拟情境中出现负性情绪时,引导儿童调节自己的情绪。

高阶训练:在情境中,儿童自主运用习得的方法调节自己的负性情绪。

三、工具箱

彩虹圈、动画等。

四、训练对象

儿童能够理解常见的情绪,并具有一定的处理情绪问题的能力。

五、训练步骤

(一)初阶训练:演示动画,学习调节负性情绪

1. 训练目标

治疗师呈现动画视频,儿童能够通过动画视频学习调节负性情绪的方法。

2. 训练步骤

(1)治疗师向儿童播放和演示动画,激发儿童的参与热情。

(2)治疗师播放动画视频,如圆圆拿出自己的小汽车和乐乐一起玩,乐乐在玩小汽车时,不小心把小汽车的轮子弄掉了,圆圆看见后,一把拿回自己的小汽车,大声哭了起来。

(3)治疗师暂停动画视频,随后向儿童提问:"圆圆和乐乐在做什么?这是谁的小汽车?乐乐把圆圆的小汽车怎么了?圆圆看见小汽车坏了,他怎么了?"儿童根据动画内容进行回应。

(4)儿童回应后,治疗师继续提问:"圆圆现在很难过,你觉得圆圆怎么做才能不难过呢?"治疗师等待儿童回应,在儿童回答后,治疗师点击屏幕中对应的处理按钮,如"玩彩虹圈";随后视频中出现圆圆拿着彩虹圈开心地玩的画面,治疗师在一旁进行描述:"哇,××(回答问题的儿童姓名)太厉害了!圆圆玩着彩虹圈就不难过了!"

(5)多次重复以上步骤,引导儿童习得不同调节负性情绪的方法,如玩彩虹圈等。

(二)中阶训练:在模拟情境中调节自己的负性情绪

1. 训练目标

治疗师创设动画模拟情境。儿童能够在模拟情境中运用初阶训练时习得的调节负性情绪的方法。

2. 训练步骤

(1)治疗师模拟初阶训练的情境,如让儿童将自己的玩具带来,并与同伴一起玩。随后同伴将儿童的玩具"弄坏",治疗师关注儿童的反应。

(2)治疗师引导儿童运用习得的调节负性情绪的方法调节自己的情绪。

(3)若儿童自主使用调节负性情绪的方法较困难,治疗师可进行提示;随后根据儿童的能力逐渐撤销提示,直至儿童能够在模拟情境中自主运用恰当的方式调节自己的负性情绪。

(三)高阶训练:在情境中自主调节自己的情绪

1. 训练目标

治疗师创设若干不同的情境,儿童能够在情境中自主运用恰当的方法调节自己的负性情绪。

2. 训练步骤

(1)治疗师创设若干不同的情境,如进行竞争游戏、儿童输了比赛、同伴不小心将儿童画的画撕坏了、布置的拼图任务太难无法完成等,引发儿童的负性情绪。

(2)儿童自主运用上一阶段习得的方法调节自己的负性情绪。

第二节 建立积极思维

一、正确看待比赛结果

(一)训练目标

当儿童在比赛中输了时,能够运用积极的思维来调节自己的情绪。

(二)训练内容

初阶训练:通过动画示范,帮助儿童学习如何建立积极思维。

中阶训练:在模拟情境中引导儿童运用习得的方法建立积极思维。

高阶训练:在自然情景中,儿童能自主运用积极思维。

(三)工具箱

沙包、动画等。

(四)训练对象

儿童能够命名并识别自己的情绪,并能够理解情绪。

(五)训练步骤

1.初阶训练:观看动画,学习建立积极思维

(1)训练目标

通过动画学习,儿童能够理解在比赛中输了时如何建立积极思维。

(2)训练步骤

A.治疗师向儿童播放和演示动画,激发儿童的参与热情。

B.治疗师对儿童说:"今天我们来看动画片。"随后播放视频《圆圆丢沙包》的第一部分,治疗师暂停动画,并根据动画内容向儿童提问,例如:"他们在玩什么游戏?沙包丢得远的小朋友怎么样?谁丢得远?谁赢了?你觉得圆圆现在是什么心情",以此帮助儿童理解。

C.儿童回答后,视频画面中出现一个圆圆在思考的人物形象,随后治疗师向儿童表述:"现在圆圆输了比赛,你觉得圆圆很难过,那我们来看看圆圆是怎么想的吧?"治疗师点击圆圆的人物形象,然后在圆圆的人物形象右上角出现一个思想泡泡,随后出现视频并逐渐放大。圆圆旁白:"这一次输了没关系,下一次我再投掷远一点,就可能会赢!"

D.治疗师播放后向儿童提问,例如:"圆圆在想什么啊?"儿童回答后,治疗师继续点击视频,随后出现视频《圆圆丢沙包》的第二部分,圆圆丢沙包输了,心想:"这一次输了没关系,下一次使劲丢,就会赢的。"圆圆没有发脾气,甜甜老师安慰了圆圆。治疗师帮助儿童理解和学习圆圆的积极思维。

2.中阶训练:在模拟情境中运用习得的方法

(1)训练目标

治疗师创设动画模拟情境,儿童能够在模拟情境中运用习得的积极思维。

(2)训练步骤

A.治疗师准备2个不同颜色的沙包,随后与儿童及同伴面对面站立。治疗师讲解规则:"今天我们要来比赛丢沙包,谁丢得远谁就胜利,就可以玩小汽车玩具!"随后治疗师给儿童和同伴一人分发一个沙包。

B.治疗师引导儿童与同伴站在起点处,随后发出指令:"准备,丢!"儿童与同伴向前丢出自己的沙包。当同伴丢出的沙包比儿童远时,治疗师拿起小汽车,对儿童和同伴说:"哇,××(同伴名字)丢得比×××(儿童名字)远,××(同伴名字)胜利!"随后将小汽车拿给了同伴。

C.治疗师观察儿童的反应。当儿童出现负性情绪时,治疗师引导儿童表现出积极思维。当儿童出现恰当的反应时,治疗师表扬儿童并进行强化,例如:"对了,这一次输了没关系,下一次加油,也可以赢!"

D.多次重复,直至儿童能够在模拟情境中自主表现出积极思维。

3.高阶训练:在自然情景中运用习得的方法

(1)训练目标

在自然情景中,儿童能够自主运用习得的方法,表现出积极思维。

(2)训练步骤

A.治疗师创设若干不同的游戏活动,如抢椅子、赛跑、拔河等。

B.当儿童失败时,自主运用习得的方法,表现出积极思维。

二、学会面对别人的责备

(一)训练目标

当儿童被老师责备时,能够运用积极的思维进行情绪调节。

(二)训练内容

初阶训练:通过视频动画示范,帮助儿童学习如何运用积极思维进行情绪调节。

中阶训练:在模拟情境中,引导儿童运用习得的积极思维进行情绪调节。

高阶训练:在自然情景中,儿童运用积极的思维进行情绪调节。

(三)工具箱

视频动画等。

(四)训练对象

儿童能够识别他人的情绪,并理解他人的想法和情绪。

(五)训练步骤

1. 初阶训练:观看视频动画,学习建立积极思维

(1)训练目标

通过视频动画,儿童能够理解被老师责备时如何建立积极思维。

(2)训练步骤

A.治疗师向儿童播放和演示动画,激发儿童的参与热情。

B.治疗师对儿童说:"今天我们来看圆圆的故事。"随后播放视频《圆圆下课了1》。播放完毕后,治疗师根据视频动画内容向儿童提问,例如:"下课了,圆圆在做什么？甜甜老师看见了是怎么说他的？圆圆被老师说了之后是什么心情",并帮助儿童理解。

C.儿童回答后,治疗师点击视频画面,随后出现一个圆圆的人物形象,治疗师向儿童表述:"圆圆现在很难过,他在想什么呢？我们来看一看。"治疗师点击圆圆的人物形象,圆圆说道:"甜甜老师说得对,如果我在走廊上踢球,很有可能会把花盆弄碎,还可能踢到其他人。下一次,我就不在走廊上踢球了,我去球场踢球就好啦,甜甜老师就不会责备我了。"

D.随后治疗师对儿童说:"那我们看看现在的圆圆是怎么做的吧!"治疗师播放视频动画《圆圆下课了2》。播放完毕后,治疗师进行解释说明,圆圆现在去球场踢球,甜甜老师看见后,很开心,表扬了圆圆。

2.中阶训练:在模拟情境中运用习得的方法

(1)训练目标

治疗师创设模拟情境,儿童能够在模拟情境中运用习得的方法建立积极思维。

(2)训练步骤

A.在训练间隙或下课、放学等情境中,当儿童出现不恰当的行为,如在走廊上踢球、跟同伴打闹、跑来跑去时,治疗师A生气地对儿童说:"你这样是不对的,你在走廊上跑来跑去,会撞到其他小朋友,小朋友就会摔倒受伤的!"

B.治疗师B观察儿童的反应,当儿童表现出难过、生气等情绪时,治疗师B引导儿童:"老师说得对,如果你在走廊上跑来跑去,就会撞到其他小朋友,小朋友就会摔倒受伤的,你也会受伤的!下次,我们可以去没有人又很宽敞的地方跑来跑去,这样老师就会很开心了。"

C.在之后的情境中,若儿童出现恰当的行为,如在走廊上慢慢走或者在没有人又很宽敞的地方玩耍,老师则强化儿童的行为,如表扬儿童。

D.多次重复,直至儿童能够在模拟情境中自主建立积极思维。

3. 高阶训练:在自然情景中运用习得的方法

(1)训练目标

在多种情境中,当儿童被他人责备时,能够自主运用习得的方法建立积极思维。

(2)训练步骤

A.治疗师创设若干不同的情境,如忘记做作业被老师责备、将同伴的玩具弄坏了被老师责备等。

B.当儿童被责备时,自主运用习得的积极思维进行应对。

第十章　综合应用

本章综合了前几章的干预目标,创设了一个更为灵活和复杂的情绪环境,引导自闭症儿童更好地将他们在前面部分所学习积累的各种情绪能力泛化运用到复杂的情绪环境中。

第一节　儿童察觉和描述自己的情绪

一、训练目标

儿童能够察觉并描述自己当下的情绪及情绪产生的原因。

二、训练内容

初阶训练:通过动画示范,帮助儿童学习如何描述当下的情绪及情绪产生的原因。

进阶训练:引导儿童在真实情境中察觉并描述自己的情绪及情绪产生的原因。

三、工具箱

训练动画、海洋球、篮子、轨道小火车等。

四、训练对象

儿童能够识别自己的情绪,并理解常见的情绪,具有一定的处理情绪问题的能力。

五、训练步骤

(一)初阶训练:观看视频,学习描述自己当下的情绪

1. 训练目标

通过动画训练系统,儿童学习如何描述自己当下的情绪及情绪产生的原因。

2. 训练步骤

(1)儿童面对人机交互系统坐下,治疗师坐在桌旁。

(2)治疗师播放动画《圆圆的礼物》。动画播放完后,治疗师根据动画内容向儿童提问,例如:"你觉得圆圆现在心情怎么样?"以此帮助儿童理解。儿童回答后,治疗师回应:"那我们来看看圆圆的心情是不是很开心呢?"

(3)治疗师点击屏幕右下角的"继续"按钮,随后屏幕左下角出现圆圆的头像,右下角出现甜甜老师的头像,屏幕中间出现4张不同的情绪卡通图片,如开心、难过、生气、害怕。治疗师点击甜甜老师的头像,屏幕立即发出声音:"圆圆,你现在的心情是什么样的?"然后治疗师点击圆圆的头像,屏幕中的圆圆移动到对应的开心情绪图片处。屏幕中的开心情绪立即放大至屏幕左边部分,圆圆在屏幕右边部分,出现开心的表情,并发声:"我现在的心情是开心的。"

(4)治疗师向儿童提问:"圆圆的心情是什么样的?"儿童回答后,治疗师再次点击屏幕右下角的"继续"按钮,屏幕右下角出现甜甜老师的头像,左下角出现圆圆的头像,屏幕中间出现"情绪温度计"。治疗师点击甜甜老师的头像,屏幕发声:"那你有多开心呢?"治疗师点击圆圆的头像,圆圆进行描述:"我现在非常开心,因为妈妈给我买了轨道小火车玩具!"此时,"情绪温度计"图标移动到"开心—3级"。

(二)进阶训练:自主描述当下的情绪

1.训练目标

在游戏活动或自然情景中,儿童能够自主描述自己当下的情绪及情绪产生的原因。

2.训练步骤

(1)治疗师准备5个海洋球放在桌上,在距离桌子一定距离处放置一个容器,如桶、篮子,然后治疗师拿出一个儿童喜欢的玩具,如轨道小火车,并向儿童讲解:"现在我们来比赛投海洋球到篮子里,谁投的球多,谁就可以玩轨道小火车,投的球少就不能玩。"随后开始游戏。

(2)治疗师与儿童投完后,进行玩具奖励。当儿童胜利或失败时,治疗师向儿童提问:"你现在是什么心情呢?"儿童能够自主描述自己当下的情绪及情绪产生的原因。

(3)治疗师在更多的游戏活动或自然情景中向儿童提问:"你现在是什么心情呢?"引导儿童点击对应的情绪等级,儿童能够自主描述自己当下的情绪及情绪产生的原因。

第二节 儿童识别和描述他人的情绪

一、训练目标

儿童能够描述他人当下的情绪及情绪产生的原因。

二、主要内容

初阶训练：儿童在训练动画中选择并描述他人的情绪及情绪产生的原因。

进阶训练：引导儿童在真实情境中识别并描述他人的情绪及情绪产生的原因。

三、工具箱

训练动画、纸杯、乒乓球、小汽车玩具等。

四、训练对象

儿童能够察觉和描述他人的情绪。

五、训练步骤

(一)初阶训练:在提示下识别并描述他人的情绪及原因

1. 训练目标

通过训练动画,儿童能够根据活动选择与他人当下情绪对应的情绪卡片,并描述他人的情绪及情绪产生的原因。

2. 训练步骤

(1)儿童面对人机交互系统坐下,治疗师坐在儿童旁边。

(2)治疗师选择训练动画《生气的玲玲》。动画播放完后,屏幕右下角出现甜甜老师的头像,屏幕中间出现4张不同的情绪卡通图片,分别为开心、难过、生气、害怕。治疗师点击甜甜老师的头像,屏幕立即发出声音:"小朋友,你觉得玲玲现在的心情是什么样的?"治疗师引导儿童点击对应的情绪图片。儿童点击后,屏幕中对应的情绪卡片立即放大至屏幕中间部分,其他图片消失,随后引导儿童:"我现在的心情是××。"

(3)治疗师再次点击屏幕右下角的"继续"按钮,屏幕右下角出现甜甜老师的头像,治疗师点击甜甜老师的头像,屏幕发声:"你知道玲玲为什么生气吗?"治疗师引导儿童回答。

(4)儿童回答后,屏幕出现玲玲生气的图片,并说:"我生气了,因为明明把我的积木弄倒了。"治疗师引导儿童跟随屏幕中的人物进行描述。

(二)进阶训练:自主识别并描述他人的情绪及原因

1. 训练目标

在游戏活动或自然情景中,儿童能够自主描述他人的情绪及情绪产生的原因。

2.训练步骤

(1)治疗师准备10个纸杯和10个乒乓球,随后将纸杯5个为一组摆成两条线放在桌上,并在每个纸杯的旁边放上一个乒乓球。然后治疗师向儿童和同伴讲解游戏规则:"今天我们要玩纸杯翻翻乐的游戏,待会你们两个分别站在其中一组纸杯的旁边,老师说开始,你们就马上用纸杯盖住乒乓球,一个纸杯盖一个球,谁最先盖完5个球,谁就胜利,就可以得到小汽车玩具!"随后开始游戏。

(2)游戏结束后,当同伴胜利或失败表现出情绪时,治疗师向儿童提问:"你觉得××(同伴名字)是什么心情呢?"儿童能够自主识别并描述他人的情绪及情绪产生的原因,例如:"我觉得他难过了,因为他游戏失败了。""我觉得他很开心,因为他游戏胜利了,可以得到小汽车玩具!"

(3)治疗师在更多的游戏活动或自然情景中向儿童提问:"你觉得××是什么心情呢?"儿童能够自主识别并描述他人的情绪及情绪产生的原因。